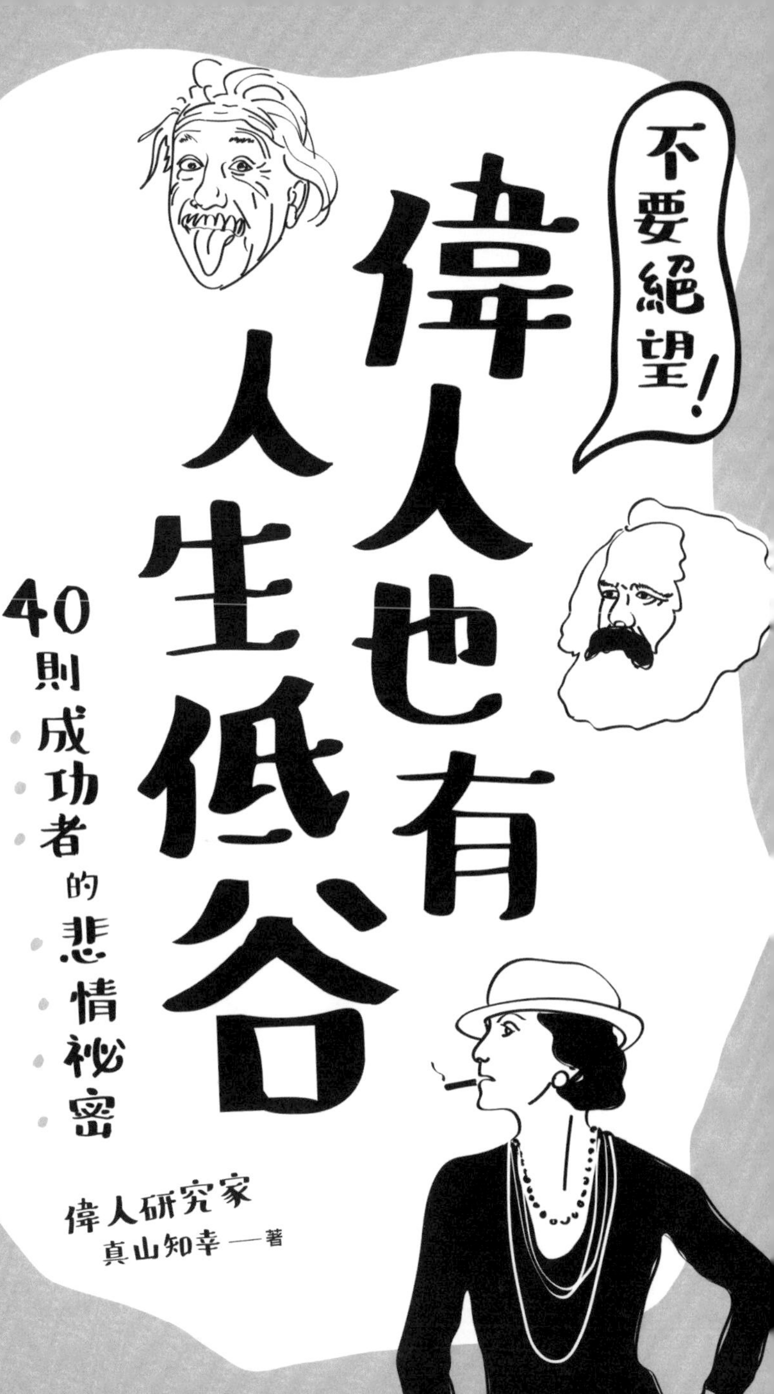

不要絕望！
偉人也有人生低谷
40則成功者的悲情祕密
偉人研究家
真山知幸—著

【序】幫助你面對困難的人生——「寫給大人的偉人傳記」

人生不應該重複相同的失敗，過去的成功經驗可以應用於不同問題。無論是工作、讀書或私生活，我們每天都能深切感受到「從過去的經驗中學習」的重要性。

但是，從無數人的人生集結而成的「人類的歷史」之中，我們能學到什麼對於人生有助益的東西呢？很多人恐怕都回答不出來。

學校教的本國史、世界史都只被視為死背的科目，考試也不會考「是否有從歷史學習到人生的智慧」。將歷史當成人的故事，描述得活靈活現完全是虛構作品在做的事，我們往往是透過大河劇、歷史小說了解到歷史人物的苦惱、內心糾結，以及他們是如何克服人生考驗的。

然而，這些都只是虛構的作品，故事的主角也僅限於某些人，世界史上的人物更是很少提及。許多人除了小學時讀過傳記故事以外，就再也不曾接觸歷史人物的人生，我認為這實在太可惜了。

我會這樣說，是因為我們出了社會後，反而能從那些在不同時代、不同國家奮鬥，最後有所成就的人身上學到更多東西。成年之後再來讀偉人傳記，許多人恐怕都會感到驚訝。原來偉人們在工作、求學或自己的人生方面，竟然存在各式各樣的煩惱。了解偉人如何克服人生逆境，相信也能幫助我們面對人生中的種種困難。

本書聚焦在偉人是如何克服，或者撐過人生中的難關的。對於偉人而言，這些經歷或許是不太希望被提起的「B面」。但往往正是因為有痛苦無助、想要忘記的「B面」，才成就了光鮮亮麗的「A面」。

尤其許多偉人其實個人特色十分強烈，無法適應團體生活或組織，時常遭受排擠或拖累他人、帶給他人困擾。其實「偉人」也只是發揮了自己所長而已。

我希望大家能從這些偉人跌跌撞撞的人生之中學習到「不放棄希望的人生哲學」，因此動筆寫下本書，這可說是一本「寫給大人的偉人傳記」。

從這40個人的故事中能學到什麼、帶來什麼樣的感受，每個人的答案想必不盡相同。但願本書能幫助你寫出屬於自己的人生故事。

真山知幸

不要絕望！偉人也有人生低谷

40則成功者的悲情祕密

CONTENTS 目次

第2章 寫給工作遇到瓶頸的人

9個來自偉人的答案

CONTENTS

第4章 寫給在人生路上跌跌撞撞的人

6則因此成功的故事

第5章 寫給嫌棄自己沒用的人

5種肯定自己的思維

CONTENTS

第 1 章

寫給想要克服逆境的人

～10個重新振作的故事～

無論做什麼都不順利，
遇到這種狀況會讓人對人生失去希望。
該怎麼做才能走出困局？
第1章將介紹10位在掙扎求生的過程中
做出突破、迎來轉機的偉人。
人生就是有起有落，只要努力振作，一定會走出自己的路。

第1章的偉人

立川談志｜穆罕默德・阿里｜川上貞奴｜澀澤榮一｜舒伯特
吉田松陰｜池田勇人｜華特・迪士尼｜莫札特｜津田梅子

A面

跳脫框架，
多才多藝的落語奇才

儘管擁有出眾的實力，
卻遲遲得不到晉升機會

B面

接受不合理的現實，領悟出自己的「嫉妒理論」

自己明明已經很努力了，一帆風順的卻是別人。這種事實在太沒有道理，讓人無法接受，卻得在人生之中一次又一次經歷——立川談志的徒弟立川談春在師弟立川志樂入門時，心中抱持的正是這種想法。

志樂一拜入門下就很得談志疼愛，談志甚至說過：「剛來的志樂真是個奇怪的人，我每晚都會夢到他。」

至於談春則是17歲時就中輟成為談志的徒弟，比志樂資深1年半。但談春在遇到事情以師兄身份出言提醒時，志樂卻淡淡地回答：「我不想做的事就絕對不會去做。」甚至還仗著自己得寵，撂下一句「師父也知道的。」談春想必被這個囂張的師弟搞得心煩意亂。

談志看穿了談春的心思，有一天告訴談春：「我來告訴你什麼叫嫉妒。」接著這麼說道：

「自己不努力、不行動，卻去挑剔某個人的缺點，拉低自己水準的行為，就叫

嫉妒。有人和自己一個鼻孔出氣的話，自己就會更加安逸。原本只要在行為、在生活上努力，設法讓自己和對方並駕齊驅、超越對方就沒事了，但人就是做不到這一點。因為嫉妒比較輕鬆。可是嫉妒無法改變任何事。」

嫉妒無法帶來任何改變，這其實也是談志從自身經驗得到的教訓。

談志小學5年級初次被帶去寄席（落語的表演場地）觀賞落語後便深深著迷，16歲便拜入第5代柳家小三門下。談志很早便下定決心視落語為一生志業，20歲開始在媒體上展露頭角，在酒家的表演也大受歡迎。雖然實力高人一等，卻直到入門第11年，27歲時才晉升為真打（落語家的最高階級）。

不知道是基於什麼標準，更晚進入這一行的人都已經成為真打，追過了自己，談志對此實在無法忍耐。雖然曾向師父抗議「為什麼我不能先晉升真打？」師父卻不予理會。

或許是因為有過這段經歷，談志又接著對談春說：

「記住了，現實就是答案。怪罪時代、覺得這個世界有問題是沒用的。現實就是事實。要去理解、分析現狀，你為何會是現在的處境？原因就在現實之中。認清現狀、掌握現狀去處理就對了。在我的標準裡，沒辦法這樣做的人就是蠢蛋。」

就像自己對徒弟所說的，談志站出來對抗了不合理的真打晉升考試與審查標準，他在1983年退出落語協會，自行創設立川流。談志建立起掌門制度並擔任第一代掌門，憑藉自己的力量改革了落語界。抱怨成不了事，行動才能成事。

□「嫉妒無法改變任何事」。接受現實、起身行動才是解決之道。

A面 大嘴巴的「無敵拳王」

2.穆罕默德・阿里

因對抗政府而在巔峰時期失去舞台 B面

即使跌落谷底也不放棄希望的「驕傲拳王」

如蝴蝶般飛舞，如蜜蜂般螫人——。

自登上職業拳擊擂台以來，穆罕默德・阿里便憑藉其華麗的拳擊風格連戰連勝。他在1964年擊敗世界冠軍桑尼・利斯頓，僅以22歲之齡就成為了史上第4位全勝的重量級拳王。阿里面對記者更是發出豪語：

「我是有史以來最美的，我要讓全世界都吃驚！」

阿里除了拳擊實力不在話下，也很擅長不斷挑釁對手，炒熱比賽氣氛。他總是不可一世地表示：「我最偉大！」並曾如同賽前的放話，5回合就擊敗對手，說到做到的行事風格引發了熱烈討論。阿里在當時可說是名符其實的國民英雄。

但越戰時期的徵兵改變了阿里的命運。他在拒絕接受徵召入伍時曾這樣說：

「越共沒有歧視我，我沒有理由去殺越共。」

從越戰陷入膠著的戰況來看，阿里的話確實有道理。然而，這番話是在越戰的反戰運動到達高峰前說的，因此當時阿里遭受了來自四面八方的批評，認為他

「不是美國人」。媒體也不斷發出抨擊阿里的言論。

「阿里雖然對他的拳擊技巧自豪，但被徵召只會像被逼到角落的老鼠一樣哭嚎，應該剝奪這種人的拳王頭銜。」

「不要去看他的比賽，他是拳擊界的污點。」

阿里因逃避兵役的罪名遭起訴，全勝贏來的冠軍頭銜也被剝奪，甚至保不住拳擊執照。

遭拳擊界放逐的阿里只能靠在大學演講維生。**沒有輸過比賽卻失去拳王頭銜的阿里非但沒有灰心，連面對演講也是全力以赴。他一定會在鏡子前練習並排**

練給妻子聽，為演講做好萬全的準備。

「我有時還會錄下來自己聽，研究該怎麼說話。我大概這樣準備了3個月，所以第一次演講就很成功。」

美國最高法院推翻了有罪判決、重新獲得拳擊執照時，已經年近30。在拳擊生涯最巔峰的時期，因為被迫與政府對抗而留下了長達3年5個月的空窗期。

阿里復出首戰的對手是同樣不曾嘗過敗績的重量級拳王喬・佛雷澤。阿里仍不改過去的挑釁做法，嘲諷佛雷澤是「腦袋不好的拳王」，但這場比賽最後因判定而敗北，吞下了生涯首場敗仗。阿里在此之後又遭逢多場失利。

阿里的時代看似已經終結，但他在與佛雷澤第二度對壘時擊敗對手，並於1974年擊倒喬治・福爾曼成功奪回拳王頭銜。阿里在39歲退役前共3度贏得拳王，並19次成功保衛拳王寶座。

□ 一個人的價值，端看其如何挺過人生最低潮。

A面

瞬間打響知名度

紅遍全世界的「日本第一位女演員」

3. 川上貞奴

在國外隨時面對死亡

為了活下去而演戲

B面

欠債、被搶劫、沒飯吃⋯⋯抱著必死的決心創造奇蹟

「貞奴夫人演得太棒了！」

川上音二郎在1899年率領劇團至舊金山演出時，獲得了極大好評。最受矚目的，是音二郎的妻子——川上貞奴的演技。

但貞奴本人恐怕相當困惑，畢竟她是一個幾乎完全沒有演戲經驗的人。貞奴是在從事藝妓工作時被身為表演工作者的音二郎看上，兩人因而結婚。音二郎經營劇場失敗而積欠了龐大債務，希望藉由美國巡迴演出翻身，同行的貞奴只是在幕後幫忙而已。她之所以突然站上舞台，是因為西方人對藝妓深感興趣。

由於考量到美國觀眾語言不通，因此音二郎安排的演出內容是日文台詞較少的舞蹈、狂言等，在視覺上比較易懂的表演。這項策略果然奏效，演出非常成功，之後也持續進行公演。

但某次公演時發生了令人難以置信的狀況。突然有數名外國人闖入後台，將服裝等物品全部搬走。似乎是因為仲介人沒有向劇場支付租金，因此遭強制扣押。

毫不知情的川上一行人因身無分文遭旅館驅離，行李也被拿去抵住宿費用。眾人只能用身上僅剩的錢買麵包一同分食，茫然地坐在海邊的長凳上。

音二郎與貞奴努力說服想要返國的劇團成員回國也無濟於事。而後，透過在以日籍觀眾為主的小劇場演出賺到資金後，一行人前往繁華的大都市芝加哥。在當地沒沒無聞的劇團自然處處碰壁，無處可演，直到第5天才有劇場願意提供演出機會。由於連吃頓像樣的飯都成問題，一行人只能拖著虛弱的身體賣力宣傳。

公演當天上演的第一齣戲是《忠

臣》。雖然搬出了在舊金山大受好評的武打場面，卻有演員倒地不起。其實演員原本應該要起身的，但因為肚子餓到沒有力氣，所以只得就此落幕。

接下來的戲碼《道成寺》則是由貞奴穿上和服展現曼妙舞姿。在最高潮的赴死一幕，貞奴手持斗笠不停轉圈後直接倒在了地上。這也不是演出來的，而是餓昏頭了。其他劇團成員趕緊湊上前來拍打貞奴的臉龐喚醒她，這才堅持到了最後。

這場公演成為了劇團爆紅的契機，但其實在此之前劇團成員們光是為了撐到上台演出就已經用盡力氣，根本無暇思考以後的事。當公演結束拿到酬勞後，一行人馬上衝進路上看到的第一間餐廳。

但當期盼已久的餐點送上桌時，卻沒有人開動。一路走來的辛勞在此刻全都湧上了心頭，貞奴、音二郎及其他團員們彼此相視，淚水不禁奪眶而出。

☐ 今天為了生存付出的努力會在明天帶來回報。

A面

支撐起日本的現代化
曾參與500間公司經營的「日本經濟之父」

4. 澀澤榮一

為了尊王攘夷賭上人生
結果卻走投無路的失敗者

因年輕氣盛失去了一切，反而得以放手一搏

眼前這個人真的是尾高長七郎嗎？長七郎不理會年輕的澀澤榮一的困惑，如此斷言：

「訴諸暴力的計畫是大錯特錯。」

當初鼓吹澀澤走向尊王攘夷之路的正是長七郎，如今卻說這是大錯特錯。自培里率領的美軍船艦駛來日本起，江戶幕府益發積弱不振，這樣下去日本肯定會被外國侵略——長七郎總是這麼告訴澀澤。

澀澤的學問是向表哥尾高惇忠學來，但告訴澀澤江戶發生的事、攘夷的真實狀況的其實是惇忠的弟弟長七郎。對澀澤而言，長七郎想必是值得尊敬的大哥。

正因如此，長七郎反對澀澤與惇忠策畫的攘夷行動實在不合理。他們的具體計畫是佔領高崎城、放火攻打橫濱、斬殺外國人，並已經召集了超過70名同夥。

但從京都歸來的長七郎卻始終反對。

「就算你們找來了70個人、100個人，也無濟於事。」

長七郎還滔滔不絕地分享各地的攘夷活動都已經失敗的消息。而也正因為長七郎過去熱衷於攘夷活動，比其他人更早察覺攘夷已經走到了盡頭。

但澀澤與長七郎不同，他一直堅信攘夷才是自己的人生之道。澀澤也已經與父親斷絕關係，無法回頭了。

「是成還是敗就交給上天吧！大不了就是一死。」澀澤心裡這麼想。

正是理解現實的長七郎所言，有一種難以形容的魄力與說服力。眾人討論3天後，首先屈服的是惇忠。既然身為領袖的惇忠都放棄了，單憑澀澤也號召不到任何人，計畫於是被取消。

失去了目標的澀澤還來不及沮喪，沒過多久便聽說計畫東窗事發被幕府官差發現，正在搜捕犯人。澀澤已經無家可歸，於是與堂哥喜作先在江戶停留數日後，就前往京都。

如果澀澤在這前途茫茫之際說出「天命如此，乾脆一死了之」也再正常不過。但一橋家的家臣平岡圓四郎在京都找上了兩人，似乎有意請兩人至一橋家任官。**此時的澀澤已經失去一切，但反過來說，這也代表不管任何機會到來，都能毫無顧忌地放手一搏。**

澀澤下定決心進入一橋家全力輔佐當家一橋慶喜。正是這個決定讓澀澤在幕末時期成為了發揮重要影響力的關鍵人物。

後來澀澤以一橋家家臣的身份隨行前往巴黎，回國後迎來了明治時代。此時的澀澤還不知道，日後他將參與多達500家公司的經營。

□ 失敗一次並不是世界末日。只要還活著，就一定能再起。

A面 生涯創作超過600首歌曲的「歌曲之王」

5.舒伯特

無論是當老師或音樂家都毫無亮眼成就 B面

不被當一回事…「對於人生的苦惱」成了前進的動力

走在父母期望的道路上，卻完全沒有好事。

法蘭茲・舒伯特很後悔追隨父親的腳步就讀師範學校。雖然父親過去是一名教師，但他始終對教育工作不感興趣。不過，畢業後舒伯特仍然進入了父親的學校擔任助教。

舒伯特曾想要離家去朋友家借住，但後來又回家幫忙父親的工作，許多事情都半途而廢。他其實有真正想做的事，那就是自童年時期便深深著迷的作曲。為了改變現狀，舒伯特曾應徵音樂教師、希望成為宮廷音樂家或劇場的指揮，但全都未能如願。

既然這樣，那乾脆作曲送給自己尊敬的人吧——於是舒伯特替自己敬愛的歌德所寫的詩譜曲，並附上一封充滿誠意的信，連同《歌德歌曲集》的樂譜送給歌德本人。

「如果歌德能對我這種小人物留下印象，將是一生中最光榮的事。」

但歌德只將樂譜退了回來，完全不把舒伯特當一回事。

尊敬的歌德不把自己放在眼裡，教職工作也高不成低不就，做什麼事情都不順利。這種苦悶的心情逼使舒伯特重回作曲之路。

這是舒伯特最多產的時期。不僅如此，還接二連三獲得在教堂演奏的機會，首度在大庭廣眾下演奏自己的曲子。舒伯特也是在這段不得志的時期收到了人生中第一筆作曲報酬。

只要持續努力不灰心喪志，奇蹟就會在意想不到的時候出現。著名的宮廷歌手米夏埃爾・佛格爾迷上了舒伯特的歌曲而四處演唱。此時，舒伯特終於抓住機會，成為一名音樂家，並且展現出旺盛的創作熱情，全心全意投入音樂工作。

「只要詞夠好，我腦中馬上會浮現悅耳的音樂。耳邊不斷響起旋律實在令人感到快樂。」

但命運之神卻帶來無情的打擊，好不容易展翅高飛的舒伯特罹患了在當時被視為不治之症的梅毒。他在寫給朋友的信中道盡了自己的煩惱。

「每天晚上入睡，都希望自己不再醒來。」

不過，鬱悶也正是創作靈感的來源。或許是舒伯特感覺到自己時日不多，所以儘管深受梅毒的頭痛折磨，仍然創作不懈。只可惜31歲時早因梅毒而明顯虛弱身體，又染上傷寒，一生中創作了超過600首歌曲，得到「歌曲之王」的稱號的舒伯特，不幸與世長辭。

□ 人生中的低迷、不得志是在為日後一飛衝天做準備。

A面 在日本現代化之路上
被視為精神支柱的思想家

6.吉田松陰

重大決心遭到所有人反對
孤立無援的領袖

即使身陷囹圄也不曾捨棄自己的信念

身為階下囚的吉田松陰驀然回首才發現，追隨自己的人蕩然無存，失望不已。

「不管是久坂玄瑞還是高杉晉作，全都跟我意見不同！」

松陰在信中這樣寫道。玄瑞及晉作原本都是吉田松陰的私塾「松下村塾」中大有可為的門生。為何師徒間意見相左呢？

松陰是在27歲時繼承了叔父的松下村塾。其實在2年前，松陰曾企圖搭乘培里的船艦出國，最終以失敗收場。雖然遭幕府逮捕，但松陰的行動力令培里對日本人的求知慾深感欽佩。

松陰在松下村塾宣揚「知行合一」的理念，知識是行動的起點，行動才能讓知識完整。松陰如此呼籲塾生：

「不要當學者，人要以實踐為優先。」

塾生之中，松陰最看好的是高杉晉作。雖然晉作的父母認為松陰太過偏激，大力反對晉作追隨松陰學習，晉作仍在19歲時私下進入松下村塾就讀。

松陰看出晉作有「任意自用」（喜歡以個人觀感擅自解讀事物）的缺點，但也希望他能發揮自身的優點。

不是松下村塾門生，但與松陰有師徒之誼的桂小五郎有次向松陰說到晉作「個性太過固執聽不進話」，請託松陰多加提點。

松陰對此表示：

「如果正面解讀晉作固執的個性，他具有不容許妥協的特質，隨便改掉就無法成為一方人物了。」

不過，松陰並非只是默默觀察，而是以行動幫助晉作發揮長處。松陰認為晉作的學識仍有所不足，於是大力讚揚晉作視為競爭對手的久坂玄瑞，激起晉作的好勝心。

雖然松陰在作育英才上有所成就，但數度的激烈抗爭使其遭幕府逮捕。當然，即使被囚，革命之志也毫無動搖。在獄中的松陰依舊策劃著推翻幕府的起義。

但他的門生皆認為時機尚早而加以反對，甚至寫下血書要求中止計畫。松陰絕望之餘將所有人逐出門下。

自己所教的全都白費了嗎……？或許是為了擺脫這種想法，年僅29歲的松陰在遭處決前寫了以下這段話：

「同志之中若有人對我的志向尚存憐憫，願意繼承下去，我的理想或許便得以不絕於後世，讓我無愧自己略有所成的一生。」

晉作得知松陰死訊後不禁悲憤痛哭。日後晉作創立了奇兵隊並舉兵起事，逼使長州藩走上倒幕之路。

□ 即使覺得遭到背叛，也要讓夥伴了解自己的理念。

A面 打造日本
高度成長期的功臣

7. 池田勇人

不走主流路線
反而開啟了另一條道路 B面

曾因罕病被迫放棄仕途，最終卻成為內閣總理大臣

1960年當上內閣總理大臣的池田勇人在當時提出了所得倍增計畫，帶領日本在高度成長期從谷底翻身。

池田曾擔任大藏省（現在的財務省）的公務員，在戰後投身政壇。首次當選國會議員後便得到吉田茂的提拔，出任大藏大臣。由於身為吉田的心腹，讓池田得以鞏固政壇地位，最終成為首相。

日本近年來經濟陷入不景氣，使得池田又被重新提起，但其實沒什麼人知道，他在當公務員時曾罹患罕見疾病，因而不得不靜養。

「我的手腳癢得不得了，不知道是不是昨晚被蟲咬了。」

症狀是從他對妻子說的這句話開始的，這是1930年池田30歲時的事。起初只是膝蓋附近有紅豆大的水皰，但不久之後就蔓延到了全身。全身的水皰膨脹後會破裂出血，接著又長出新的水皰，簡直是地獄般的循環。

這種疾病名為「落葉型天皰瘡」，是一種無法治療的罕見疾病。池田前一年才剛接任宇都宮稅務署長，但此時根本無法工作，因搔癢的關係，連熟睡30分鐘都

有困難。對此焦躁不耐的池田時常大發脾氣，對人生絕望，但新婚不久的妻子直子仍全心全意給予支持。

「10年、15年後你一定會痊癒的，我會想辦法讓你痊癒的。」

妻子雖然對池田如此保證，卻飽受壓力侵蝕身心，即使照護再辛苦也絕不能示弱。與病魔對抗約2年時，池田妻子先撐不住，因心絞痛而猝逝。池田後來在追悼集《追憶草》的扉頁如此寫道：

「直子在1年半多的時間中廢寢忘食地照顧無藥可醫、在醫生眼中近乎絕望的我，直到直子自己去世前都還全心付出，我對她的毅力只能用欽佩形容……」

但病魔不會因此放過陷入喪妻之痛的人，仍然持續折磨池田。而照顧者此時變成了母親，對抗病魔的日子只能如木乃伊般全身包著紗布，自然引人側目，街坊鄰居私底下紛紛議論「池田家的兒子全身都爛了」，甚至還謠傳他的病會傳染。

當症狀蔓延到臉部及舌頭時，才能從地獄解脫，卻也意味著死亡將至。不過池田的症狀一直停留在頸部以下，而且在與病魔奮戰4年後，竟奇蹟般地痊癒了。

雖然得以回到職場，但池田的公務員仕途已形同結束。不僅晉升之路嚴重落後其他人，也不受派系接納。池田後來回顧這段經歷時提到：

「開重要會議的時候完全不找我去，總是只有我被晾著，讓我一肚子火。」

但後來情勢發生了180度的轉變。戰後駐日盟軍總司令部對公職人員進行整肅清洗，權勢者紛紛失勢。幸虧池田出頭得晚，倖免於難，得以在之後一飛衝天。其原本看似已經結束的人生，其實根本尚未開始。

□ 塞翁失馬，焉知非福。有時不幸只是幸福到來的前兆。

A面 世界級動畫大師、
打造出夢幻國度的時代先驅

8.華特・迪士尼

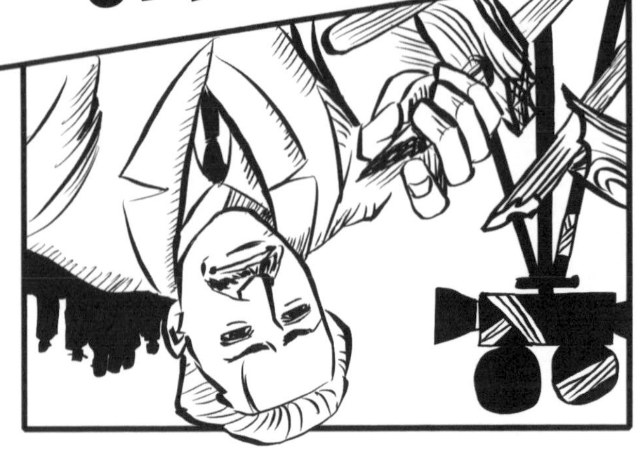

因夥伴出走與商業利益之爭
嘗盡各種辛酸 B面

遭信任的夥伴背叛後從絕望中演出大逆轉

「烏布答應要來我這裡了。」華特・迪士尼在電話中聽到後仍舊不敢置信。打電話給他的是從事電影發行工作的派特・鮑爾斯。其提供的條件十分優渥，讓華特決定簽約。以米老鼠為主角的《汽船威利號》動畫播出後大受歡迎，但鮑爾斯卻翻臉不認人，甚至擅自與迪士尼的首席動畫師烏布・伊沃克斯簽約。

華特憑著衝動在18歲首次成立公司時，找來的合夥人正是過去的同事烏布。兩人一同勤奮打拚，創作出了愛麗絲、幸運兔奧斯華、米老鼠等人氣角色，華特因此難以相信烏布會被挖角。鮑爾斯此時提出了條件：

「只要你願意重新簽約，我可以把烏布留給你。」

鮑爾斯始終不肯交代清楚電影的獲利，一心只想說服華特重新簽約。

華特在心情冷靜下來後明確地表示：

「不用了。如果烏布真想離開的話，我也無法和他共事了。」

華特拒絕重新簽約。雖然想另覓發行公司合作，卻始終找不到。

其實這並不是華特第一次遭背叛。《幸運兔奧斯華》締造票房佳績時，發行方以優渥的待遇挖角了公司大半員工，甚至連幸運兔奧斯華的版權也被搶走。華特曾這麼說：

「一帆風順的時候我總擔心，會不會哪一天又有什麼地方出問題。」

但只要擁有實力，就一定能走出自己的路。華特後來與哥倫比亞影業簽約，並決定製作彩色動畫。他不顧哥哥洛伊的反對，將過去製作的部分全都棄之不用。以彩色技術製作的《花與樹》、《3隻小豬》等動畫連續2年獲得了奧斯卡金像獎的肯定。

華特接下來又馬不停蹄地嘗試製作長篇動畫。由於得支出鉅額費用，洛伊再次反對，但華特仍舊堅持己見。賭上了公司前途製作出的全世界第一部長篇動畫電影《白雪公主和7個小矮人》大為賣座。

「不去挑戰新的事物，簡直就像要了我的命。」

新的挑戰總是伴隨著種種阻力，但最大的打擊恐怕還是遭到信任的夥伴背叛。不過也因為經歷過背叛，才會了解到現在留在身邊的人有多重要。哥哥洛伊雖然提心吊膽，仍然一直守護在華特身邊。取得了成功之後，愛操心的哥哥想必也對弟弟的實力刮目相看。

此時的洛伊還不知道，向來言出必行的華特其實還有一個遠大的夢想。

華特在1955年7月17日，時年53歲時創建了第一座迪士尼樂園。雖然媒體都預言不會成功，華特仍勇敢踏上了新的旅程。

危機與轉機是一體兩面的。

A面

贏得王公貴族讚譽的
早熟天才

9.莫札特

創作樂曲只是為了錢的
賭徒

B面

曲子不賣座的話就還不出錢！

年幼時便展現出音樂天賦，得到「神童」稱號的人不是只有莫札特，但因為莫札特的父親——小提琴演奏家李奧波德・莫札特的用心栽培，讓莫札特成為了不同凡響的天才音樂家。

充滿企圖心的李奧波德帶著年僅6歲的小莫札特巡迴歐洲各地，累積在各國王公貴族面前登台表演的經驗，令他的音樂技巧更上一層樓。

但這樣的栽培也有副作用，其中之一就是艱辛的馬車旅行帶來的身心負擔。由於李奧波德生性節儉，旅行時只有簡單的食物果腹。18歲時的少年莫札特曾記錄下一行人的飲食內容：

「一天只吃了一餐，而且是在下午2點吃的。晚上只有一顆蘋果、一塊麵包和一杯葡萄酒。」

莫札特6歲至25歲的人生中，有一半時間都在旅行，因此有人認為他之所以英年早逝，或許是長期過勞所致。

旅行還帶來了另一項不良影響——「撲克牌」。由於經常出入貴族及富裕階級宅邸，莫札特學會了玩撲克牌，而且沉迷於撲克牌賭博。

莫札特在30多歲時曾向朋友及商人寫信借錢。

「我現在非常缺錢，馬上就得用錢，所以寫下這封信。」

除了金錢，莫札特的私生活還有其他煩惱。他與妻子康絲坦茲共生下6名子女，然而其中有4名夭折。但莫札特只能放下自己的悲傷，因為他還得看顧精神狀態不穩定的妻子。

莫札特的人生苦難也反映在他的作品

上。除了開朗愉悅的長篇樂曲外，莫札特也在30多歲時開始創作有陰鬱悲傷印象的短篇樂曲。

但這些作品幾乎不被接受。畢竟，當時的聽眾都是過著安逸生活的貴族，音樂家不過是奴僕罷了。身份卑微者的悲哀離貴族太過遙遠，因此無法得到認同。

由於沒人找自己作曲，莫札特打算以預售方式舉辦音樂會。他在寫給債主的信中發下豪語說一定會收到預售款，不料卻乏人問津面臨取消，可說諸事不順。

可莫札特的歌劇大作《魔笛》正是在此困境中誕生。《魔笛》的頭2場公演由莫札特本人親自指揮，座無虛席。莫札特在觀眾席看完第3場公演後寫給妻子的信中，以「我最親愛、最棒的可愛老婆！」稱呼妻子，欣喜之情躍然紙上。

「最讓我開心的是平靜的認同。這齣歌劇的評價一天比一天高。」

莫札特在寫了這封信後的2個月病逝，年僅35歲。

只要持續努力不被擊垮，遲早會有所突破。

A面 為日本女性的未來找到希望的「教育先驅」

10.津田梅子

對於自身所學無法幫助到任何人而深感失望的「平凡人」 B面

從返國後的適應不良到開創「未來的願景」

父親正對著客人得意地誇讚自己的女兒。眼前的父親彷彿突然變得好遙遠。從美國回到日本早已超過一年，卻還是沒找到能發揮英語能力的工作，也難怪津田梅子會想嘆氣。每天只是幫忙父親的工作或家事，不禁讓梅子覺得：

「早知道就不要去美國了。」

梅子在18歲生日時給蘭曼夫婦的信上寫下了這句話。她在美國留學時寄宿於蘭曼夫婦家中，原本梅子想在信裡好好分享自己在日本的生活，但寫出來的全都是洩氣話。

「我受的教育沒有幫到任何人，而且自己和別人的不同讓我感覺難受。」

梅子1871年以岩倉使節團留學生的身份赴美時，年僅6歲。日本希望在翌年與各國修改過去簽訂的通商條約，並無論如何都要廢除治外法權的條文，取得與各國對等的立場，這也是派出使節團的最大目的。

使節團的全權大使為右大臣岩倉具視，副使則包括了參議木戶孝允、大藏卿大

久保利通、工部大輔伊藤博文等人。而且除了107名士族及學生等男性外，還派遣了5名少女赴美，6歲的梅子是最年幼的一人。

前往美國的目的是學習美式教育，期間長達10年。梅子與在美國的寄宿家庭蘭曼夫婦一同生活，學習英語及鋼琴，並就讀當地的小學。雖然起初官方規定雙方只能同住一年，但因蘭曼夫婦展現出極大誠意，梅子到回國為止的10年間都住在蘭曼夫婦家。

梅子在美國後來進入私立女校就讀，除了拉丁語、法語等外語，還學習了英美文學、自然科學、心理學等。然而她在意氣風發地回國後，卻找不到工作，並深為日本與美國的文化差異所苦。最令她不適應的，是對待女性的態度。

「女性在人生中背負著遠較男性沉重的包袱。女人實在太可憐、太可悲了！」

梅子後來雖然好不容易找到了華族女校的工作，但她對年輕華族女性深感失望。對她們而言，學習教養只是尋找好親事的手段而已。梅子則回絕了自己的親事，並深切體悟到女性經濟獨立的重要性。

為了提升日本女性的地位，必須從根本改變教育。梅子萌生此一想法，以創立學校為目標，再次赴美留學。她在回國後辭去女校工作，並於1900年創辦了「女子英學塾」，也就是現在的津田塾大學的前身。

絕望及失望並非終點，而是通往未來的起點。

第2章

寫給工作遇到瓶頸的人

～9個來自偉人的答案～

管理、轉職、兼職、家庭與工作蠟燭兩頭燒……
原來好幾世紀前的偉人
也有和我們現代人一樣的煩惱！？
這些偉人究竟遭遇到了什麼問題？
且看9位不同時代、不同國家偉人如何克服工作上的難關，
相信這些故事會帶給你不同的領悟。

第2章的偉人

武田信玄｜歌德｜法蘭茲・卡夫卡｜喬治・盧卡斯｜伽利略
達爾文｜格拉漢姆・貝爾｜牛頓｜法布爾

A面
擁有過人才幹，
號稱戰國最強的「甲斐之虎」

11.武田信玄

擔憂遭到背叛，
整天疑神疑鬼的「驚弓之鳥」
B面

體恤家臣的「膽小鬼」竟然是管理高手？

名留青史的偉人都曾說出流傳後世的名言，但不是每位偉人都真正實現了自己話中的理想，被譽為「甲斐之虎」的武田信玄正是如此。他說過：

「臣民即是城堡、即是城牆、即是護城河，要以情誼為重、以仇恨為戒。」

有些人將「臣民即是城堡」誤解為「信玄不築城」，但其實在國境最前線及攻打下來的地盤修築城池，鞏固支配才是信玄的作風。雖說「臣民即為城牆」，但後世發現信玄的居城躑躅崎館築有城牆，受半圓形護城河保護的出入口及新月形的護城河「三日月堀」也使「臣民即為護城河」這句話不攻自破。但從這些防禦措施可以看出信玄謹慎的行事風格。

這些話語當然只是闡述「人才的重要性」的比喻，「以情誼為重、以仇恨為戒」或許才是信玄的理念最精華的部分。

但從信玄習慣以密探監視家臣這一點來看，他對自己人似乎也不願放下戒心。不僅如此，信玄連與妻子同寢時也刀不離手，甚至信不過最親近的人。

這是因為信玄早年放逐了自己的父親信虎，年僅21歲便成為當家。許多人將他視為「放逐了暴君信虎的英雄」，但實際上並非如此。必須像信虎這樣展現強勢領導作風，才有辦法將山頭林立的甲斐地方整合起來。信虎是暴君一說多半是後世的創作。

信虎為了解決甲斐的財政困難，決定對房屋課稅。家臣因而心生不滿，於是推出年幼的信玄發動政變。因為有這麼一段過去，在信玄看來，對於家臣及身邊的家人再提防也不為過。但如果像父親一樣作風過於強勢的話，恐怕又難逃被放逐的命運。

信玄有許多被視為體恤家臣的事蹟，也常有人認為他深諳管理之道。但或許正因為信玄其實相當懼怕家臣，所以才如此小心翼翼地對待。

世人對信玄的了解往往流於印象，想知道他的真面目，本人的書信可見一斑。戰國武將喜好男色並不是稀奇事，信玄便很中意一位名叫春日源助的美少年。由於春日源助懷疑信玄與另一名少年彌七郎有染，因此信玄特地寫信辯解。

「我雖然數次邀約彌七郎，但他總以腹痛為由拒絕。我沒有和彌七郎睡過！」

建立組織文化與根基是一項艱鉅的工作，深恐自己對待家臣不周的信玄或許只有在面對春日源助時才能真正敞開心房。

這名春日源助便是後來的高坂昌信。他所寫的《甲陽軍鑑》記載了許多信玄的事蹟，但被學者認為史料價值偏低。從他與信玄之間的關係來看，似乎也就說得通了。

□ 膽小的性格反而造就了領導組織的長才。

A面 因《少年維特的煩惱》而舉世聞名的德國文豪

12. 歌德

是作家也是成功的政治人物，出色的表現招來嫉妒 B面

逃離忙不完的工作後，人生變得海闊天空

30多歲時的歌德被工作壓得喘不過氣來。

在1774年所出版的小說《少年維特的煩惱》暢銷全世界，連法國皇帝拿破崙都讀了好幾遍。隨著聲名遠播，也有愈來愈多工作找上歌德。

歌德曾擔任威瑪公國樞密公使館參贊4年，在這段期間內，為了解決公國的財政困難，他著眼於礦物資源。由於開發礦藏的成績斐然，歌德因此受到提拔，在迎來30歲生日數天後被任命為樞密顧問，成了威瑪公國重要的政治人物。

歌德的工作內容可說是五花八門，不僅參與消防法的修訂，也負責道路的修築擴建，還兼任軍事委員，希望透過縮編軍隊整頓財政。

除了繁忙艱鉅的工作外，歌德還面臨著人際關係的困擾。他在26歲時受友人卡爾·奧古斯特大公之邀，離開了出生地法蘭克福，移居至威瑪公國。

換句話說，歌德在威瑪公國是個外人。但也因為這樣，奧古斯特大公期待歌德能夠毫無顧忌地推動改革。然而，每天與元老級的官吏們對抗伴隨著巨大的壓

力，仕途得意似乎也使得他經常面對旁人赤裸裸的嫉妒。

還有朋友見到他活躍於各個領域的表現後，寫下了這麼一段諷刺的話：

「反正你都穿梭於各國宮廷拍馬屁，遲早會成為所有宮廷的管家吧。」

不管做什麼都惹人厭，因此歌德曾如此抱怨：

「沒有人知道我在做什麼，也沒有人知道我為了完成一點小事，得跟多少人為敵。」

但歌德仍然勉勵自己：

「履行義務是辛苦的，但人唯有透過履行義務才能展現內在的能力。活得任意妄為這種事誰都做得到。」

雖然歌德表示工作的重擔讓靈魂感到暢快，自己很享受壓力，但實際上他已經瀕臨崩潰了。想要遠離政治，投入學問與藝術的念頭愈來愈強烈。他在寫給朋友的信上吐露了自己的心聲：

「我的感覺就像有翅膀卻不能飛。」

最終歌德放棄政務，逃往義大利，在當地待了2年進行學術、藝術方面的指導。後來他將旅居義大利期間的經歷寫成了《義大利遊記》。這本書是歌德的代表作之一，並且被視為名著。只能說，人生實在難以預料，有時重新來過反而能走出另一條路。

☐ 難關不一定要克服，逃跑重新來過也是一種選擇。

A面 來自布拉格
名留世界文學史的小說家

13. 法蘭茲・卡夫卡

委身於半官半民企業
勤勉工作的上班族 B面

如果能做「真正的自己」，再辛苦也無所謂

每當身為商人的父親開始講起過去的辛苦，試圖灌輸自己的處世之道時，卡夫卡就感到不耐煩，只想關上耳朵。

在父親看來，兒子大學畢業後始終沒找到像樣的工作，怎能令自己不擔心。而且兒子甚至每天晚上都在書桌前寫那什麼小說——實在看不下去，於是叫卡夫卡到店裡幫忙，但卡夫卡對此非常不耐。

由於被迫工作，卡夫卡在寫給朋友的信裡大發牢騷：

「不好意思，最近都沒出現，因為我得去搬木箱、擦貨架。」

卡夫卡似乎是在這個時期構思出了《變形記》的原型。在他當時撰寫的小說中，曾有主角想像自己變成蟲的一幕。連卡夫卡自己恐怕都沒有料到，這會成為創作出世界名著的靈感吧。後來，卡夫卡靠親戚找到了保險公司的工作，心不甘情不願地去上班。

或許因為臨時雇員身分，不僅薪水不高，還時常被呼來喚去。工作後不久，他

便在日記中寫下了這麼一段話。

「這一週有夠慘的。我就像被毆打、趕來趕去的動物一樣。」

卡夫卡覺得實在待不下去，於是決定轉職。

他透過同在保險業界的友人關係，轉職到工傷保險機構工作，這似乎是卡夫卡的策略。有別於之前的保險公司，工傷保險機構是半官半民的企業，因此穩定、業務也少。但只要被正式聘用的話就能獲得加薪，這樣的環境相當吸引卡夫卡。

這份工作的內容與勞工的保險業務相關，勞工若在工作地點發生意外，卡夫卡便負責文件審核，有時也得親自到場。他與同事、主管也看似相處融洽，升遷十分順利，在他因病辭職時已經當上主管。

但就卡夫卡自己看來只是假象。下班回家後他會先小睡2小時，用完晚餐便離家前往莫爾道河對岸，在外甥女租借的房間內用一本小筆記本寫小說到深夜。

但身為兼職作家終究難以擁有完整的寫作時間，卡夫卡也對於無法隨心所欲創作相當沮喪。

「幾乎沒辦法寫，寫出來的也全是些沒價值的東西。」

他在此時費盡千辛萬苦寫下的《審判》雖然未能完成，仍與《變形記》同樣成為世界文學史上的名著。卡夫卡在1924年40歲時因病去世前，曾留下遺言委託友人布洛德銷毀自己的手稿。不過布洛德並未聽從，在卡夫卡死後選擇公開，讓世人認識到了卡夫卡的作品。

□ 兼職帶來的限制反而提升了工作品質。

A面

即使是小地方
也堅持親力親為

14. 喬治・盧卡斯

不信任他人，
工作全攬在身上的完美主義者

B面

從「不懂得分配工作」到「學會信任他人」

成功一次之後，就會期待接下來也能成功，這是人類的天性。

1977年上映的《星際大戰》票房極為賣座，使得身兼導演、編劇及總製片人的喬治・盧卡斯年僅33歲便成為億萬富翁。他決定將獲利都投入續集《帝國大反擊》的拍攝。

但拍攝前一部作品的辛勞讓盧卡斯已無心再擔任導演。他表示：

「我是一個不管什麼事都要自己來才滿意的導演。」

凡事都親力親為的話，不僅身體撐不住，也不知道事情什麼時候才能完成。於是盧卡斯要求自己把工作分出去。他提拔爾文・克許納擔任導演，並如此激勵：

「這是你的電影。系列作的第二部是最重要的。」

導演人選敲定後，《帝國大反擊》便在盧卡斯交出導演筒的狀況下展開拍攝，但過程實在稱不上順利。克許納個性優柔寡斷，如果在拍片現場想到了好點子，就算已經拍到緊要關頭也會喊卡重拍。

習慣按部就班拍攝，在剪輯階段才做調整的盧卡斯想必覺得這樣做很沒有效率。他每天都會打電話到拍片現場確認進度，並催促劇組加快速度。

但拍攝時程嚴重落後，還大幅追加預算。不僅如此，盧卡斯在剪輯室看了拍出來的成品後，更是感到大傷腦筋。畫面雖然充滿藝術性，卻有太多不必要的場景。

不過盧卡斯並沒有抱怨，畢竟是他決定交由他人執導的。他與長達60小時的膠卷搏鬥，整合重組已經拍攝完成的場景。然而最終成果卻遭克許納等人強烈批評，盧卡斯因此大為光火。

「你們毀了我的電影！是我把被你們搞得亂七八糟的電影救回來的！」

克許納認為盧卡斯的剪輯缺乏流暢性，想表達的東西也難以理解。雖然他冷靜地指出這些問題，盧卡斯卻更加怒不可遏。

「這是我的錢！我的電影！我想怎麼做就怎麼做！」

盧卡斯在不顧一切主張必須挽救這部電影，甚至失去理智後做出了反省。「我氣的是自己的無能為力。」

恢復了冷靜的盧卡斯重新聆聽克許納的意見，依照他的提議重新剪輯，取得了令人滿意的成果。盧卡斯後來回顧，自己從克許納身上學到，拍攝進度並非唯一的重點以及應該更加琢磨角色與整體架構。

《帝國大反擊》在1980年一上映即大受好評，盧卡斯僅用3個月便回收了投資成本，也因此成為享譽全球的製片人。

□ 工作風格因人而異，自己的做法並非唯一解答。

A面

迎擊來自教會的反彈聲浪
意志堅強的科學家

15. 伽利略

面對宗教審判時不再主張異議
避免進行無謂的抗爭

B面

有些事比主張自己正確更重要

沒想到自己會被送上宗教法庭……想必伽利略已經深切感受到自己當初的判斷太天真了。

伽利略最著名的事蹟就是主張地動說，以及金句「即使如此，地球依舊會轉動」。由於支持哥白尼提出的學說「地球等行星以太陽為中心，繞著太陽轉」，往往讓人以為他是一位「勇敢迎擊教會言論的頑固科學家」。

但實際上並非如此。伽利略只是完全誤解了教宗烏爾巴諾八世的態度。

伽利略曾在1624年造訪羅馬，並6度獲准謁見教宗。過了約6年，伽利略再次拜訪教宗。由於透過3人對話的形式探討天動說及地動說的《關於托勒密和哥白尼兩大世界體系的對話》一書已接近完成，伽利略是為了取得出版許可而來。教宗告訴伽利略：「天文學的理論只不過是假設性的內容。」與前一次的態度相同，因此伽利略如此解讀：

「將哥白尼的理論當作比其他理論更出色的數學假說，這樣講應該沒問題吧。」

出版一事並沒有遭遇太大的反對，因此伽利略在序及結論都強調「書中論述都只是假說」。由於是遵循教宗的想法進行修改，所以獲准出版。

但在1632年10月，出版後過了約4個月時，伽利略被傳喚前往羅馬的異端審判庭。如果內容有問題的話，當局只要禁止出版就好，為何現在才大做文章呢？但伽利略承認了自己的錯誤，並未抗辯。伽利略此時已年近古稀，只想盡快結束審判，於是表達反省之意：

「我的錯誤在於充滿虛榮的野心，這純粹是無知及疏忽造成的。」

伽利略最後被判有罪並處以軟禁，在數年後失明。但他仍以口述給學生筆記的方式持續研究，希望完成物體運動的理論。他在寫給自己的學生、數學家卡斯泰利的信上這麼說道：

「不幸失明，加上記憶力和其他感官衰退，讓我過著毫無產出的日子。我身邊的事物已所剩無幾，但唯獨一樣東西長存於心中。那就是證明了我們友情的書信往來。」

相較於在法庭上高聲主張「即使如此，地球依舊會轉動」這個後人虛構出來的形象，真實的伽利略並沒有英雄的耀眼光芒。但他儘管飽受命運折磨卻仍持續研究，與夥伴一同分享成果。相信應該不是只有我認為這樣的伽利略反而更令人敬佩吧。

☐ 不追求形式上的對錯，最終獲得真正的勝利。

A面

提出劃時代的「演化論」，
熱愛自由的科學家

16. 達爾文

為養育10名子女疲於奔命，
無法享受自由的忙碌父親

為養育子女做出的犧牲反倒成就偉大事業

在自由的時間做自己喜歡的事是人生中很重要的一部分，對個性自由奔放的達爾文而言更是如此。

經營診所的父親為了讓達爾文繼承衣鉢而送他去念醫學院，但達爾文志不在此，於是父親改讓他念劍橋大學的神學院，希望他日後成為神父，卻依舊徒勞無功。達爾文終日翹課，一心只想採集動植物，對念書完全沒興趣。

達爾文22歲時登上小獵犬號環遊世界的一周，讓他的人生出現了轉機。結束約5年的航海後，他在給父親的信上這樣寫道：

「我想向自然科學貢獻自己的微薄之力，我認為沒有比這更幸福的人生。」

雖然達爾文找到了自己要走的路，但他還必須決定另一件事，那就是「要不要結婚」。

此時他想起的是自己的青梅竹馬艾瑪。考慮到未來，深知自己個性的艾瑪是個無可挑剔的對象，但達爾文對結婚這件事感到抗拒。

達爾文以「這是個問題」為題，製作了一份結婚的得失對照表。關於「不結婚」，他列出的優點包括了：

「可以去自己想去的地方、不用和親戚往來、不需要替子女操心。」

達爾文似乎很害怕婚姻奪去自己的自由。這個想法明顯表現在「結婚」這一欄的內容中。

「子女、一生的伴侶（老年時的朋友）、有人負責家事、對健康有益，但時間的損失很可怕。」

進行多方比較檢討後，達爾文做出了結論。

「想到整個人生像工蜂一樣只有工

作、工作，其他什麼也不做就讓我受不了。結婚、結婚、結婚。證明結束。」

想像達爾文為此抱頭苦思的模樣恐怕會令人苦笑，不過他在做出結論後馬上就採取了行動向艾瑪求婚，並得到同意。

雖然達爾文害怕因為結婚而失去自由，但他與艾瑪總共生下了10名子女。而且在長男出生後，他還非常勤勞地記錄孩子的成長。其實這與達爾文暗地裡進行的研究有密切的關係。

這項研究正是達爾文的「演化論」。這篇分析人類與動物連續性的論文雖然引發強烈反彈，卻奠定了後世生物學的基礎。他記錄自己孩子成長的資料在後來也被應用於發展心理學的論點。

儘管結婚令達爾文苦惱不已，養育子女也佔去了寶貴的時間，但或許可以說這2件事反而令他的研究更往前邁進。

□ 只要堅守自己的原則，就不會有無用的經驗。

A面 因發明電話而致富的「幸福科學家」

17. 格拉漢姆・貝爾

為了專利訴訟焦頭爛額的「不幸的企業家」 B面

「活出自己的精采人生」比無意義的成功更重要

1890年冬天的某一日，貝爾看過報紙後想必深深嘆了一口氣。作家馬克・吐溫在《紐約世界報》發表了一段關於聖誕節心願的評論。

「我的聖誕節願望是希望大家有一天能同聚於天堂，得到永遠的安寧、和平與幸福——除了發明電話的人。」

由於貝爾發明了電話，人與人可以不用見面就直接交談。但另一方面，許多人也認為他人突如其來的電話嚴重打擾了自己。就連貝爾自己也不願意在書房裝設擾人的電話。他還曾經因為行程臨時被一通電話打亂而感嘆：

「為什麼我要發明電話？」

其實貝爾一開始的目的根本不是發明電話。由於他的戀人瑪貝爾聽力不佳，為了讓彼此溝通更順暢，貝爾產生了「利用聲音的振動進行對話」的想法。

「利用聲音的振動」這個構想促成了電話的發明。貝爾在28歲時建立起電話的基本原理，之後著手發明電話，原本的目的是希望透過電氣訊號與聽障者溝通。

沒想到，電話的原理實用化之後引發了巨大迴響，迅速改變人類的生活。獲得龐大收入的貝爾搖身一變成為企業家，並與自己心儀的瑪貝爾結婚，一切看似一帆風順。

然而，發明電話帶來的成功雖然讓貝爾獲得讚賞，卻也使他遭人嫉妒。為了專利訴訟傷神的貝爾深感苦惱。

「不管世人如何非議電話，這都是我努力過後得來的，而且還讓我娶到了心愛的妻子，所以對我來說都無所謂。」

在實現夢想的道路上獲得了意想不到的成功，使得貝爾走往與自己的預想完全不同的方向。由於已經厭倦了媒體，他還在寫給發明家愛迪生的信上這樣說過：

「我非常不希望自己的照片被登出來。」

擅長公關的愛迪生肯定無法理解這種壓力。雖然貝爾和愛迪生一樣，長期關注科學技術，但他無法像愛迪生那樣巧妙周旋於各方之間。愛迪生懂得宣傳展示自己的發明，不斷發展出商業用途；但貝爾則只是寫在筆記本上，只要自己滿意了，就轉去研究下一個點子。

貝爾晚年曾舉辦科學家的聚會「星期三傍晚」。他與許多科學家進行討論，並投入心力在發行科學期刊上。他接手了愛迪生以虧損為由而退出的《科學》期刊，以個人資產提供資助。貝爾深切體悟到成功本身其實並不具有價值，終於找到了屬於自己的精采人生，最後在75歲時去世。

□ 在適合自己的道路上找出「活出精采人生」的方式。

A面 發現了「萬有引力」的偉大科學家

18. 牛頓

「還想再投身政壇！」迷戀權力的可悲中年人 B面

轉職失敗又陷入重度憂鬱後得到的職位是？

牛頓內心迫切地想要轉職，他對劍橋大學枯燥的研究生活再也難以忍受。令人意外的是，牛頓所嚮往的其實是政壇。

論其起因，是他在45歲時曾獲選為代表劍橋大學的國會議員——但並沒有留下什麼政績。牛頓在這段為期一年的議員生涯中幾乎沒有發言機會，據說他唯一說過的話就只有叫守衛「把窗戶關起來」。

牛頓從政期間幾乎沒有留下像樣的政績，但他不僅沒有因此體悟到自己應該認真鑽研科學，還正好相反。牛頓始終無法忘懷自己曾經品嘗過的權力滋味。

儘管他花錢四處奔走希望謀得公職，卻始終無法如願以償。牛頓心裡益發焦急，甚至認定是朋友從中作梗。雖然這並非事實，牛頓的被害妄想卻愈演愈烈，50歲之後還寫過這樣的信給朋友。

「這一兩個月我吃不好也睡不好，失去了以前的活力。」

此時的牛頓似乎得了重度憂鬱症。他甚至寫信給努力奔走幫自己謀職的朋友這

樣說道：

「聽到你試圖用女人和其他手段阻撓我，讓我火冒三丈。有人說我的病恐怕不會好了，我回答他：『還不如死了算了。』請原諒我說出這些過分的話。」

牛頓還曾透露自己「一晚睡不到1小時，有5個晚上連眼睛都沒眨一下」，飽受失眠折磨，身、心都已經不堪負荷了。

但牛頓迎來了轉機。在他52歲時，英國財政大臣徵詢他是否願意出任皇家鑄幣廠的監管。牛頓二話不說立即答應，脫離學者身份，成為政府高官的宿願終於得以實現。

雖然直接管轄的下屬僅有3人，但牛頓看起來過得相當充實。他在舉發偽幣方面尤其用心，這本來是警察的工作，因此過去的監管幾乎不碰這一塊，不過牛頓似乎將這當成自己的天職。

牛頓下令，每一枚金幣都要盡可能鑄造為正確的重量，也就是盡可能減少黃金純度的變動幅度，藉此防偽。他的努力付出建立了鑄幣的信用，因此深受肯定。

此外，牛頓60歲時獲選為皇家學會會長，而且直到他去世為止的25年間年年連任，讓他得以盡情擁抱權力。

□ 黎明前的夜晚最黑暗，但機會終將降臨。

A面 遠離塵世，專注於撰寫《昆蟲記》的沉靜昆蟲學家

「找不出時間做研究！」
為生活疲於奔命的寫作者

拋棄安定，追逐夢想的「自由工作者」的人生觀

想活下去就得工作，但如果很清楚自己的志向，那麼，就會對從事僅為餬口的工作深感痛苦。不斷忽略內心「我是不是在浪費寶貴的人生？」的聲音並不是一件簡單的事。

「想做自己喜歡的事而活。」

亨利・法布爾始終無法打消這個念頭。於是他辭去已經任職15年的高中教職，並做出重大決定——從亞維農移居至奧朗日。

法布爾有一個夢想，就是寫一本給普羅大眾看的《昆蟲記》。不管寫多少論文在學會上發表，終究只有少數人會看到。比起這樣，法布爾更想要記錄下昆蟲生動的模樣，並用淺顯易懂的文字寫給更多人看。

但靠寫作維生遠比想像中困難。不用上班雖然可以盡情觀察昆蟲，但如果不持續不斷寫作的話無法養家餬口。法布爾忙著應付截稿日，難以如自己所願一心一意研究昆蟲。

而且法布爾又面臨了新的困境。移居之後，法布爾仍擔任勒基安博物館的館長，每週前往亞維農兩次，但後來卻遭無預警解雇。

如此一來，法布爾不僅失去了僅有的穩定收入，也無法再閱覽博物館的資料。法布爾唯一的慰藉，就是奧朗日美麗的自然風光與在此開心生活的子女。

次子朱爾尤其熱愛花卉與昆蟲，程度甚至超越父親。法布爾看到朱爾閉起眼睛觸摸植物，猜測自己摸到的是什麼植物時開心的模樣，下定決心要完成自己的使命。

我一定要完成《昆蟲記》。

法布爾一面持續研究昆蟲，一面寫出一本又一本教科書及自然科學書籍。亞維農成立農業試驗場後，還聘請他擔任所長。**法布爾起初欣然接受，但在隔年就提出了辭呈。雖然偶爾會有能夠安穩過日子的機會出現在眼前，法布爾仍選擇持續寫作。**

正當他的努力即將開花結果之際，最愛的兒子朱爾卻在16歲時病倒。眼見兒子病情每況愈下，法布爾便將他帶往山上。雖然曾短暫出現好轉跡象，但不久後還是迎來了不幸的結局。法布爾當時曾向友人絕望地表示：

「我可愛的兒子要死了……」

隔年，法布爾終於出版了《昆蟲記》，實現自己的夢想。後來他以朱爾的拉丁語名「Julius」替數種新發現的蜜蜂品種命名。

□ 人生如白駒過隙，要想清楚如何運用這寶貴的時光。

第3章

寫給羨慕成功者的人

～5位偉人的煩惱～

成就偉大事業的成功者，
一定過著光鮮亮麗的人生嗎？事實上並非如此。
換一個角度看的話，有些人的人生很失敗，
有些人則難以評斷是否過得真誠、幸福。
第3章要介紹的，是5則無法克服障礙的故事。
其實，偉人所遭遇到的「挫折」和你我沒什麼不同。

第3章的偉人

甘地｜豐臣秀吉｜德川家康｜大久保利通｜松尾芭蕉

A面 堅持非暴力、不服從路線的

「印度國父」

20. 甘地

對教育失敗懊惱不已的

「後悔的父親」

B面

要求孩子照自己的意思走卻以失敗收場

甘地堅持以非暴力主義對抗英國的殖民統治，但他對自己的兒子哈里勞恐怕氣到想到動手揍人吧。

哈里勞積欠了龐大債務，終日飲酒。他之所以如此，是因為妻子離世，留下了4名子女。雖然哈里勞周旋於眾多女性間，內心卻益發感到寂寞。他的身體不斷走下坡，輾轉借住各處。媒體則對於落魄的哈里勞窮追不捨。

甘地心裡肯定充滿疑問，納悶自己在孩子的教育上到底哪裡做錯了。

甘地期望自己的兒子全都奉行禁慾主義過生活。這是因為甘地自己過去曾在倫敦學習法律，過著與禁慾沾不上邊的都市化生活，他對此深感後悔。所以甘地讓孩子在印度受教育，以免受到西方影響。

甘地還有其他後悔的事。他在年僅13歲時便步入婚姻，而後沉溺於慾望。自己的過去雖然無法抹除，但應該還可以創造孩子的未來。因此甘地不允許自己的兒子在30歲以前結婚。

4個兒子之中有3個謹遵甘地的囑咐，唯一一個叛逆的就是長男哈里勞。他無視甘地的教育方針，16歲就結了婚。甘地表面上表現得很開明，宣稱「哈里勞要結婚或不結婚都沒關係。」但他真正的想法是「因為我已經不把他當兒子了」。

甘地實在無法理解，為何做父親的已經示範從自身經驗得到的教訓了，兒子卻不肯照做。

不過甘地與哈里勞很快就和好，哈里勞還參加了甘地之後在南非發起的公民運動。

然而，哈里勞此時卻因未取得營業許

可販賣水果而遭逮捕。甘地雖然擔任兒子的律師出庭辯護，卻要求法官嚴罰，最後導致哈里勞遭判處7天苦役。甘地真正的目的，似乎是想藉此突顯刑罰過於殘忍嚴厲。

「我可憐的兒子或許會受傷，但正好可以讓世人知道。人受過傷後會變堅強，我自己就是。」

但哈里勞並不了解父親的用心。他後來就像前面提到的，因為妻子的死而放浪形骸。

嚴格的甘地對國民而言是偉大的「國父」，但在他的孩子眼中，或許是個「干涉自己的人生太多」的父親。自以為所做的一切是為孩子好，得到的卻是反效果是為人父母者常遇到的事，就連甘地也不例外。

□ 父母的後悔就留給自己，不應該用來要求孩子。

A面

從步卒一路飛黃騰達，
甚至統一天下的幸運兒

21. 豐臣秀吉

遲遲生不出接班人，
人生無法如自己所願

B面

即使擁有天下，也無法心想事成

眼看著即將統一天下的豐臣秀吉其實有一個煩惱，那就是「接班人」。雖然秀吉的妻子及愛妾加起來超過100人，卻遲遲生不出子嗣。

焦急之際，其中一名妻子茶茶（淀殿）懷孕了，自然讓秀吉喜出望外。

但秀吉身邊卻沒有什麼欣喜之情。因為秀吉至少有5名妻子，但茶茶才剛嫁過來而已。眾人得知茶茶懷孕後紛紛懷疑「會不會其實是其他男人的？」謠言愈演愈烈，聚樂第（秀吉的宅邸）門上甚至被貼了這麼一首歌：

「大佛施功德，刀槍化作釘，妻子懷身孕。」

秀吉此前曾頒布「刀狩令」，以建造大佛為由，下令農民繳出刀、槍，因此便有人作了這首歌加以諷刺。

「淀殿之所以懷孕，想必是為了建造大佛頒布刀狩令得到的福報吧。」

好不容易有了接班人，為什麼大家不願意誠心祝福呢？焦慮不安的秀吉於是將懷有身孕的茶茶從聚樂第送往茨木城，以避人耳目。

　　1598秀吉53歲，茶茶21歲時年順利產下一子命名為「棄」，後改名為「鶴松」。秀吉心花怒放，鶴松出生後不久便宣布為繼承人。但即使是全日本最有權力的人，也不是事事順心。幸福會來得猝不及防，然而深不見底的絕望也可能不請自來。**鶴松年僅2歲便不幸病逝，為此秀吉傷心憔悴到令人不忍卒睹。失意之際，秀吉決定收外甥秀次為養子，並將關白的官職讓給秀次。**

　　不過在1592年的年底，茶茶再度懷孕。本應欣喜若狂的秀吉卻寫了以下這封信給自己的元配寧寧：

「我已經不再想要孩子了，妳也記住

這一點吧。」

這或許是他對長年以來未能生下子嗣的寧寧所表現的貼心，但秀吉自己恐怕也不敢再抱期待了。他在信上還這麼寫道：

「我的孩子是鶴松，但他已不在人世。這個孩子是不是當成茶茶的就好呢？」

然而，第2個孩子秀賴出生後，秀吉卻極為溺愛，甚至逼死了原本應該繼承的秀次。他還在秀賴4歲時寫過這樣的信：

「我真想馬上到你身邊去親你。」

翌年，已經不久於人世的秀吉將重臣德川家康叫到自己的病榻邊，握著他的手囑咐：「秀賴就拜託你了。」這是因為秀吉已經預見家康將會把自己摯愛的秀賴逼上絕路，所以試圖動之以情嗎？秀吉死前感嘆了人生的無常後，便撒手人寰。

「如朝露降生於世，如朝露消逝無蹤，大坂的榮華富貴，宛如夢中之夢。」

□ 再成功的人也無法使人生盡如己意。

A面 懂得參考各方意見，
巧妙掌握平衡的領導人

22. 德川家康

過於注重健康，
固執到聽不進醫生的意見 B面

領悟到「忠言逆耳」卻為時已晚

德川家康雖然在「關原之戰」中獲勝，心情卻不暢快。這是因為他兒子秀忠在關原之戰時姍姍來遲，來不及參戰。

家康雖然叱責了兒子秀忠，但在創立德川幕府後僅2年時，便讓秀忠繼承了將軍。家康警覺到，豐臣家當時仍然具有影響力。心向秀吉的繼承人——豐臣秀賴的諸侯依舊立場堅定，甚至在家康成為幕府將軍時，都還有「秀賴大人似乎會當上關白」的假消息流傳。

如今雖然已經是德川的天下，但政權還不穩定，因此家康必須及早讓位給秀忠，藉此宣示「幕府將軍將由德川家代代相傳」。交出將軍一職後，家康仍以「大御所」的身份發揮影響力。

現在還不能完全交棒給兒子——家康的這番想法體現在他的養生之道上。家康原本就很注重健康，在夏天也吃熱的烏龍麵以保護腸胃；連盟友織田信長贈送的水蜜桃也因為家康認為不是當令水果，所以選擇不吃而分送給家臣。不僅如此，

家康甚至為了健康而自己配藥。

然而，事情太偏激便會造成反效果，家康的堅持最終招來了悲劇。

有一次家康在吃了炸鯛魚後感到腹痛，他判斷這肯定是自己的老毛病「寸白」（絛蟲等寄生蟲疾病）造成的，便持續服用自製的腹痛藥「萬病圓」。

但症狀卻始終沒有好轉。其實御醫片山宗哲有不同的診斷，他判斷家康的腹部內長有「積」（硬塊），但家康完全不予理會。

家康之子秀忠反而更為擔心。父親雖然讓自己備感壓力，但秀忠也很清楚自己的能力還不足擔任領導人。父子攜手處理政事形成的「二元政治」運作大致順利，家康也認同了秀忠的成長逐漸放手。但秀忠認為自己仍需要父親的協助。

掛念父親身體狀況的秀忠擔心，會不會是萬病圓的藥效過猛？御醫宗哲接受了秀忠的請託，向家康建言：

「請不要再服用萬病圓了。」

家康對此勃然大怒，將片山放逐至信濃高島（長野縣諏訪市）。

「我才不需要你的藥！別出現在我面前了！」

家康後來日益消瘦，在1616年結束了75年的人生。

正因為家康是個懂得兼顧各方均衡的人，所以對於自己未能在死前信任醫師更加感到後悔。不過，原本讓人放不下心的秀忠後來反而順利弭平了反對勢力，展現出可靠的一面，證明自己的領導能力。這或許只能說是上天的安排。

□ 對於某些事有自己的堅持時，更該參考他人的意見。

A 面 遭暗殺前在明治政府權傾一時的「受到權力青睞之人」

23. 大久保利通

不願再經歷窮困潦倒的生活
因此深恐自己失去權力 B 面

在官場飛黃騰達前其實有悲慘的過去

說到大久保利通，印象應該是留著濃密的鬍子、抱胸的照片吧。如果不是因為大久保展現的魄力，日本恐怕很難安然度過幕府末年至明治時代初期的動盪。

畢竟變革必定會引發不滿。大久保就任內務卿後，還曾有暴徒闖入他的辦公室。但無論是多有膽識的人，一旦看到大久保出現在面前就再也不敢放肆，馬上失去氣焰乖乖離開。據說大久保只要說一句「幹啥？」便能讓人說不出話。

大久保並不是什麼武功高手，為何會散發出這種令旁人畏懼的氣息？這多少和他年輕時吃過的苦有關。

大久保出生於薩摩藩的下級武士之家，孩童時期與較自己年長3歲的西鄉隆盛一同求學。由於胃虛的緣故，比起武藝，大久保更專注在學問上。他在17歲時當上協助撰寫公文的官差，能夠找到工作想必讓他鬆了一口氣。

但大久保的命運在不久之後就出現了重大轉變。

1849年，薩摩藩內部因藩主繼承人的問題發生動盪。第10代藩主島津齊興

打算讓自己與側室由羅所生的久光，而非長男齊彬接班，並命令反對者切腹、閉門思過或將其流放遠島。在這場「由羅騷動」中，大久保利通的父親利世被視為齊彬同黨，因此遭流放遠島。流放地點是位於奄美群島東北端的喜界島，可謂不折不扣的絕海孤島。

不知道父親是否能活著回來，而母親體弱多病，又有3個妹妹，自己往後必須振作起來，支撐起全家才行。

或許是因為已經有此體悟，大久保帶11歲的妹妹去港口替父親送行，妹妹因為離別而忍不住哭泣時，他這樣說道：

「妳是武士的女兒吧？武士的女兒可

不能用眼淚替父親送行喔。」

但等待著大久保的，是遠超乎想像的貧困。由於失去了好不容易得來的官差工作，全家頓時陷入困境，難以維生，大久保只得寫信給父親的朋友借錢。

「實在羞於向您開口，但可否讓我遲些還錢？」

大久保連拿武士刀做擔保借錢都還不足以支應一家的生活，甚至得變賣家產。

過了3年，父親終於獲得赦免歸來。大久保好不容易熬過了苦日子，但他看到的，是滿頭白髮、消瘦憔悴的父親。

大久保過了一段時間才終於不在意他人的眼光，投身仕途力爭上游。

與曾經兩度遭流放遠島的西鄉相比，大久保往往給人「受到權力青睞」的印象，但其實他年輕時曾經吃盡苦頭。或許大久保正是因為不想再經歷窮苦的生活，才努力設法讓自己一直待在權力的核心。

□ 自卑有時候是成功的原動力。

A面

眾多俳句詩人所嚮往

悠然自得歌頌人生的自由創作者

24. 松尾芭蕉

必須憑一己之力扶養7個人

負擔沉重的一家之主

B面

即使已達「侘寂」的境界，晚年仍為債務所苦

即便是受到眾人景仰的人，也有不為人知的煩惱。江戶時代前期的俳句詩人松尾芭蕉正是如此。

芭蕉最有名的著作，就是他的俳諧紀行作品《奧之細道》。1689年3月27日，芭蕉與門生河合曾良結伴自江戶出發，展開為期約5個月的漫長旅行，途中行經奧羽、北陸等地，在過了8月20日後抵達大垣。

芭蕉的旅行距離約有450里（1768公里），甚至曾一天步行近50公里，因此在旅途中不時針灸「足三里」穴。芭蕉透過旅行與各地的俳句詩人交流，深切體悟到超越時代的不變真理「不易」，以及隨時代及環境而變的「流行」，建立了「不易流行」的俳諧理念。

許多俳句詩人都仰慕芭蕉的人生哲學，與謝蕪村便是其中之一，他曾循奧之細道的路線周遊東北地方，拜訪同門的俳句詩人。

小林一茶也受到芭蕉的影響展開流浪之旅，進行俳諧修行。不過因為貧窮，經

常不吃飯。當他想起經常接受宴飲招待的芭蕉時，肯定是既羨慕又憧憬。

或許是因為芭蕉給人一種活得悠然自得的印象，除了這2位最有名氣的，其他崇拜芭蕉的俳句詩人也不在少數。對許多俳句詩人而言，芭蕉是值得效法的模範。

但芭蕉的人生同樣也有苦處。在每個人都希望能夠安穩度過的晚年，他卻為了金錢而煩惱。他曾寫給門生菅沼曲水這樣一封信：

「我有件意想不到的事要拜託你。如果你手邊有錢的話，是否可以借我一兩二分？」

大概因為菅沼是膳所藩的重臣，因此芭蕉認為他的手頭比較寬裕吧。但芭蕉為何會落到這個地步呢？

芭蕉收了外甥桃印做養子。在芭蕉22歲時，姐姐因丈夫離世而帶孩子回到娘家，這名孩子便是桃印。芭蕉將桃印當成自己親生兒子般疼愛，離開江戶生活有了著落後，便將桃印叫到自己身邊。

正因如此，當桃印罹患肺結核且病情惡化時，想必芭蕉內心十分煎熬。他正是在此時寫信給菅沼詢問借錢一事，看來應該是為了籌措醫藥費。桃印雖有芭蕉照顧，仍在年僅33歲時就去世。芭蕉深感傷心，緊閉草庵的門窗，不與門生往來。

其實包括桃印在內，芭蕉總共必須養7個人，一大家子的生活全都仰賴他。這與一般人所想像的「逍遙自在」的形象可說是南轅北轍。或許正因為這樣，芭蕉才無比熱愛旅行，進而領悟出沉靜恬適的「侘寂」的境界。

□ 無論哪種人生都有苦惱，不用羨慕他人。

第4章

寫給在人生路上跌跌撞撞的人

～6則因此成功的故事～

世界上有一種人
由於不夠機靈圓融，所以無法取得耀眼的成就。
這樣的人確實令人感到惋惜。
但有些人正是因為儘管在人生路上跌跌撞撞，
卻仍然堅持做自己，最後終於成功。
這一章要介紹的就是6位「平凡到不行」的偉人。

第4章的偉人

阿姆斯壯｜南丁格爾｜史蒂芬・史匹柏｜手塚治虫｜湯瑪斯・愛迪生｜西鄉隆盛

A面 締造登陸月球的歷史
因戲劇性的名言而爆紅的英雄

25. 阿姆斯壯

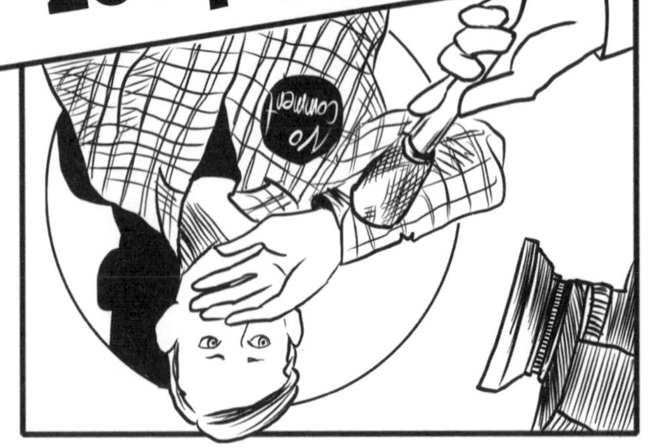

不喜歡吹噓豐功偉業
重視對與錯的耿直之人

不願接受虛假讚美的正直個性贏得了眾人的信賴

尼爾・阿姆斯壯在1969年擔任阿波羅11號太空梭的艦長，達成了人類首次登陸月球的歷史性任務。他所說的這句話也成為了眾所皆知的名言：

「這是一個人的一小步，卻是人類的一大步。」

但曾經有一些人指出，他說的這句話有文法上的錯誤。若以正確的文法說這句話，應該是「That's one small step for a man, one giant leap for mankind.」但當時阿姆斯壯實際的通訊內容聽起來，前半句話他說的是「That's one small step for man」，漏掉了「a」。如果沒有不定冠詞「a」，「man」會是「人類」的意思，因此整句話就成了

「這是人類的一小步，也是人類的一大步」。

讓人完全摸不著頭腦。於是某些評論家及學者之間一直有「阿姆斯壯弄錯文法了」的耳語流傳。

但多年後有電腦專家分析了當時的錄音，確認雖然僅是依稀可辨，但阿姆斯壯

的確有說「a」。這場風波的主角阿姆斯壯則表示：

「科技實在是方便又有趣的東西，這個結論很有說服力。」

但阿姆斯壯內心真正想說的，恐怕是「與其為了這種事大做文章，原本就應該正確報導啊！」吧。就連直接接受記者採訪時的發言都會受到曲解，因此阿姆斯壯很不信任媒體。

「只要被報了錯誤的新聞，就沒什麼辦法修正回來了。」

更不用說，相關人士受訪時誇大不實的言論更是層出不窮。例如，阿姆斯壯高中的自然科學老師宣稱，阿姆斯壯曾指著滿月說：「總有一天我要去見那上面的人。」這令阿姆斯壯錯愕不已。

「這根本是編出來的，那時候我一心只想做飛機相關的工作。」

另外，住阿姆斯壯家附近的業餘天文學家則向記者吹噓，他16歲時常和自己一起待在屋頂的天文台。使阿姆斯壯無奈否認：「他吹噓的那些事都是假的。」

或許在媒體看來，新聞效果比正確的真相更重要，因此稍微誇大一些，將阿姆斯壯塑造成英雄也無妨。

但他自己無法容忍任何誤解。既不擅長應對媒體提問，也常顧左右而言他。和阿姆斯壯共事過的太空人則是這樣形容他的個性：「穩重而不內向，有自信卻不自大。」

在媒體眼中，阿姆斯壯可能不是個令人滿意的採訪對象，但或許正因為這樣，使得阿姆斯壯深受同伴信任，成功挑戰了人類史上首次的危險任務。

☐ 不一味討好喜新厭舊的大眾，因而贏得信任。

A面

在戰場上不分敵我一視同仁
深具使命感的「白衣天使」

26. 南丁格爾

不知自己該選擇哪條路
煩惱到神經衰弱的迷途之人

工作、戀愛都不順遂的女子獲得幸福之路

即將30歲的南丁格爾已經快要承受不住結婚的壓力，只想大吼大叫發洩。如果可以乾脆地討厭對方也就罷了，但在晚宴上認識的對象米爾尼斯偏偏又有地方吸引她。

南丁格爾試著冷靜下來分析彼此適不適合。

「他應該可以滿足我對知性的追求，而且我是個需要熱情的人，這一點相信他也做得到。」

南丁格爾十分厭惡自己富裕的家世背景。她已經厭倦了社交生活，認為把時間拿來照顧住在家裡別墅附近的貧窮病人更有意義。不管父母多麼希望她覓得良緣，她都無動於衷，直到遇見了米爾尼斯。

身為莊園繼承人的米爾尼斯在倫敦社交界是眾人欽羨的對象，不過南丁格爾自然是毫不在意這種事。米爾尼斯同時也是詩人，並熱心公益，這一點與其他男性十分不同。

但在內心掙扎許久之後，南丁格爾拒絕了米爾尼斯的求婚。因為她的夢想是在醫院工作。

「我是一個在道德、行為上要求滿足的人，但在和米爾尼斯結婚的生活中我無法得到滿足。」

南丁格爾並非沒有迷惘，她在後來出現了神經衰弱的問題。而且母親也對她拒絕求婚一事勃然大怒。當時的醫院職場環境非常糟糕，因此母親完全無法理解她的想法。一切都遭到否定的南丁格爾覺得自己什麼選擇都不剩了。

「我原本有3條路可選，結婚、寫作或是當醫院的護理長，應該會成為其中之一。但如今我只想和一個願意等待我回家的人平靜度日，這是我唯一的願望。」

南丁格爾已經被逼到不想思考任何事，甚至在日記中寫下「我就像一輩子無法獲得自由的奴隸」。

確定自己的夢想後已過了5年，年紀也即將30歲，雖然一切看似絕望，但南丁格爾仍然努力激勵自己。

「我的字典裡沒有放棄這個詞。」

南丁格爾33歲時，終於迎來了轉機。她在此前進行的調查獲得了認同，被倫敦的醫院聘為護理長。翌年克里米亞戰爭爆發，便率領多名護理師前往照顧傷者。

南丁格爾在戰地做的第一件事，是改善醫院的惡劣環境。落實衛生管理後，死亡率僅半年就從40%驟降至2%。**南丁格爾不分敵我，全心全意照顧每一位傷患的高貴情操感動了全世界，因而被稱為「克里米亞的天使」。**

□ 認真而笨拙的人一旦下定決心會變得無比強大。

A面

憑藉出色執導功力
帶來一部又一部經典的「天才導演」

27.史蒂芬・史匹柏

為了製造歡笑
連自己也成為了表演的一部分

即使犧牲自己也要取悅觀眾！

史匹柏在30歲左右開始拍攝《第三類接觸》以前，一直不敢在別人面前脫下襯衫。這是因為他身形瘦小，不想露出自己纖細的手臂。

對自己的外表抱持強烈自卑感的史匹柏過去非常沉迷於電視。那是1950年代的事，電視剛開始普及於家庭，史匹柏可說是目不轉睛地盯著電視上播放的各種戲劇。

「我自己也覺得我真的是艾森豪時代的電視兒童。」

這使得他後來在影像的節奏、可能性上具備了有如直覺般的感受力。另外，史匹柏迷上電視的同時，也接受了大量老電影的洗禮。這是因為當時的電視台為了用不花錢的方式提升收視率，於是播放許多1930年代的好萊塢電影。換句話說，史匹柏等於是看電視學會拍電影的。

9歲時父親第一次帶史匹柏去戲院後，他也愛上了電影院。「雖然我怕黑，但只有電影院沒關係。」

因為父親工作的關係，史匹柏得經常搬家，很難交到朋友。當他沉浸在電影的世界中時，腦中浮現了一個想法。

「我從有記憶以來就想替別人帶來幸福，小時候還會演人偶劇。」

想為身邊的人帶來笑容——憑著這個簡單的想法，史匹柏還曾經用十分另類的方式實踐這個想法。

這是他在學校參加賽跑時的事。一路從最後1名跑到第2名的史匹柏發現，跑在自己後面的約翰快要追上來了。由於約翰的身體有殘疾，因此其他同學紛紛替約翰加油。

「加油！約翰！把史匹柏超過去！」

史匹柏一面思索「我不想當最後一名」，一面盤算要帶來一場精采的表演。結果他竟然故意跌倒，讓約翰超過自己。然後他馬上爬起來，快馬加鞭迎頭趕上。就在快要追到約翰時，史匹柏選擇保持些微之差通過終點。現場觀眾歡聲雷動。

在約翰接受朋友們的道賀之際，史匹柏呆立於操場上哭了整整5分鐘。他後來回顧自己當時的心境這樣說道：

「我的心情從來沒那麼好過，也從來沒那麼難受過。」

史匹柏將炒熱現場的氣氛看得比自己的勝利更重要。他就憑藉著這項「完全以觀眾角度出發」的特質，一步步成長為好萊塢的票房保證。

□ 盡全力取悅他人的人，自己也會有所得。

A面 眾人尊敬、模仿
堪稱日本之光的傑出漫畫家

28. 手塚治虫

毫無金錢觀念
負債累累的經營者 B面

即使負債也堅持培養「一流的眼界」

「你去畫漫畫吧。」

當手塚治虫在苦惱該當醫生還是漫畫家時，母親如此鼓勵他。手塚後來陸續推出了《原子小金剛》、《緞帶騎士》、《洛克冒險記》等熱門作品。他除了在十幾本月刊上連載外，還在週刊上連載漫畫。

手塚有一個夢想，就是成立動畫工作室。當時是電視卡通尚未普及的時代，正因如此，手塚熱切期盼能盡快製作電視卡通。於是他大量創作漫畫，將收入投資在自己的夢想上。

1961年，手塚做好萬全準備，成立了專門製作動畫的「虫製作公司」。《原子小金剛》的動畫締造高達30％的平均收視率，掀起了動畫熱潮。虫製作公司接下來又製作了《森林大帝》、《緞帶騎士》、《多羅羅》等作品。

由於作品內容出色，許多人或許以為虫製作公司的經營應該一帆風順。然而，製作動畫需要大量人力，公司不知不覺間就成為了多達500人的大家庭。而且動畫

的製作成本原本就高，因此經營逐漸陷入了困境。

再加上管理層經驗不足，以及動畫師要求改善待遇，虫製作公司最後在１９７３年破產。雖然手塚已經卸任社長職位，但他用土地做擔保，欠下了數億圓的債務。手塚表示「這十年間來到虫製作公司的傢伙，都是衝著利益，或是為了幫自己打知名度來的……」透露出了悔意。

「我投入了10億圓，結果被利用、被當肥羊、被拋棄。」

雖然導致虫製作公司破產的因素很多，但手塚也的確欠缺當老闆的能力。

他一心重視作品的品質，而不把時間、成本當一回事，這種堅持時常帶給經營負面影響。但手塚後來仍未放棄動畫。

話說回來，手塚本來就是個金錢觀念不佳的人。全家出門旅行時他也堅持「要用最舒服的方式帶大家去最棒的地方玩」，甚至曾為了10名家人包下一整輛巴士。手塚的長女留美子便認為手塚「不適合當老闆」，但她也如此描述父親：

「雖然他忙到連一分一秒都要計較，但在我們生日或聖誕節時會帶我們出去吃飯，暑假時也會全家一起去旅行，努力把時間留給家人。」

為了漫畫、動畫的工作忙得不可開交的手塚，原來還有這令人意外的一面。手塚經常說「不要透過漫畫學習漫畫。」強調培養眼界的重要性。

「要看一流的電影、聽一流的音樂。」

為家人規劃頂級旅遊、不計成本挑戰動畫製作，正因人生經驗才是最可貴的。

□ 將失敗也視為「拓展眼界」的一種方式，打下成功的基礎。

A面

埋首鑽研自己喜歡的事物
為全世界帶來一項又一項發明

29. 湯瑪斯・愛迪生

轟轟烈烈的愛情修成正果後
仍然一心投入研究而犧牲家庭

不適合步入婚姻的男人從妻子身上學到的一課

眼裡只有工作的愛迪生是在24歲時第一次墜入情網，他發現自己愛上了在自己的實驗室工作的瑪麗。但對戀愛一竅不通的愛迪生不知該如何開口，最後好不容易說出來的話，卻是突然其來的求婚。

「妳覺得我怎麼樣？喜歡我嗎？喜歡我的話就和我結婚吧。」

愛迪生展開熱烈的追求，帶瑪麗去聽音樂、殷勤地送禮，最終在聖誕節求婚成功並結婚。

但他們的婚姻生活很難稱得上幸福。愛迪生投入工作到了忘我的地步，人幾乎都待在工作室裡。他還經常在工作室待一整晚，留妻子獨守空閨。愛迪生對於無法理解自己工作的妻子感到不耐，結婚2週後便在筆記本上留下了這段話：

「瑪麗・愛迪生女士，我最親愛的太太什麼也發明不出來！」

這雖然看似荒謬，但愛迪生自小學中輟以來，一直在鑽研自己喜歡的事物。對

愛迪生而言，發明就是他的人生，永遠是最優先的事項。

不過，愛迪生在與瑪麗生下兩男一女後，終於稍微願意留時間給家庭了。據說他還曾將正在睡覺的孩子挖起來看雷雨、彩虹等自然現象。

然而在教育方面，愛迪生期盼孩子擁有與自己一樣的感受力。他曾在孩子面前拆解舊鬧鐘，但看到孩子不像自己與致勃勃而深感失望。於是他又開始把自己關在工作室裡，一心一意地工作。

當愛迪生的女兒要寫關於婚姻生活的小說時，他給予這樣的建議：

「想寫婚姻的話，就要寫得像在水桶

裡注入滿滿悲傷，這樣才逼真。」

但如果從瑪麗的角度看來，她恐怕想說：「注入悲傷的不就是你自己嗎？」為了排遣寂寞，瑪麗開始揮霍金錢，大肆購買昂貴的衣服、糖果、各種奢侈品。這使得愛迪生更不願意回家，心思全放在工作上，形成了惡性循環。

直到瑪麗受劇烈頭痛所苦，精神狀態變得不穩定後，愛迪生才終於意識到妻子的重要性。雖然當時手頭上有伴隨電燈、電力系統開始運轉而來的重要工作，愛迪生仍選擇陪在妻子身邊，並用心照顧子女。但一切為時已晚，瑪麗年僅29歲便不幸去世，據說死因是腦瘤。

儘管愛迪生傷心不已，但不到2年他便與比自己小20歲、當時僅18歲的米娜再婚。米娜雖然年輕，卻將不按牌理出牌的愛迪生管得服服貼貼。原本不擅社交的愛迪生後來也變得圓滑許多，還接到來自企業的大案子。第2次的婚姻生活終於

□ 人在悲傷過後終將學會成長。

A面 不畏強權、言所當言
充滿正義感的男人

30. 西鄉隆盛

每次開口時
都不知會說出什麼的危險人物 B面

以不懂得察言觀色、充滿正義感的特質贏得支持

「不能再苟且偷生了。」相信西鄉隆盛心中應該出現過這個想法。

提拔了西鄉的島津藩藩主島津齊彬病死後，幕府大老井伊直弼發動「安政大獄」整肅異己。西鄉試圖拯救遭到追殺的僧侶月照未果，因出於絕望而與月照一同投海，但只有西鄉生還。

西鄉本想追隨月照赴死，打算在自己所尊敬的島津齊彬墳前自盡，但遭盟友大久保利通制止。

「你還活著是因為上天希望你為國家貢獻己力。請你今後不要再尋死，好好保重，為國付出。」

理性的大久保曾無數次拉住個性衝動，魯莽行事的西鄉。明治維新可以說是在這兩個截然不同類型的人帶領之下推動的。

曾一度尋死的西鄉受到大久保的激勵而重新振作，但仍因騷亂的關係遭究責，被流放至奄美大島長達3年。

一般人對於流放遠島印象大多是「獨自一人過著沒有自由的困苦生活」，但西鄉並非如此。西鄉得知島上居民遭薩摩藩壓榨，被迫生產砂糖後大為憤怒，甚至對擔任官差的當地人暴力相向，發揮了充滿其作風的正義感。

但即便是西鄉，也漸漸因為身處陌生環境而備感壓力。由於語言不通，他曾透露「很難和島上居民溝通」，甚至說「恨自己為何活下來」。潮濕的氣候也令西鄉水土不服，深受身體不適所苦，西鄉還曾向有交情的地方官請託換個地方住，希望多少能有點改變。

西鄉以魁梧的體格為人所知，但他在

被流放前其實相當苗條。吃、睡幾乎全在島上的生活使得西鄉不健康地胖了起來，他在寫給大久保的信上描述近況時還自嘲地表示「像隻豬一樣」。

西鄉雖然與島上的女子結婚生子，但仍一心想要回到本島。當時薩摩藩是由齊彬的弟弟久光掌握實權，在大久保的努力運作下，西鄉終於在1862年歸來。

然而，過去追隨齊彬的西鄉覺得久光與自己不對盤。久光有意率軍上京，但西鄉認為在其領導下不會有好結果，於是向久光直言反對上京一事，理由竟然是

「因為您只是個鄉巴佬……」

久光自然怒不可遏，西鄉因此二度遭流放遠島。

雖然西鄉不懂得察言觀色，但有些事就得靠這樣的人來做。在大久保的循循善誘下，西鄉實現了版籍奉還、廢藩置縣等重大改革，建立起中央集權體制，與大久保一同替日本打下現代國家的基礎。

□ 只要能突破自我，再笨拙的人也能成就歷史偉業。

第5章

寫給嫌棄自己沒用的人

～5種肯定自己的思維～

工作都做不長久，
人際關係也不怎麼樣，花錢又不懂得節制。
自己到底能做什麼？
社會邊緣人、廢物、沒用的人……
有些人即使被貼上這些標籤，仍然在人生中綻放出璀璨的光芒。
且看這5位偉人如何活出自我！

第5章的偉人

江戶川亂步｜太宰治｜安徒生｜馬克思｜野口英世

A面 憑藉天馬行空的想像力
打造出引人入勝的推理世界

31. 江戶川亂步

太過喜愛幻想而數度遭開除的
「社會邊緣人」

B面

專心做好自己唯一會做的事就是成功

許多人看到偉人一心一意投入自己的人生志業，精益求精的態度深受感動，自己也因此想要在某方面成為頂尖，但幾乎都無法辦到。這是因為大多數人都比偉人更多才多藝。

不少偉人之所以能專心投入某一件事，真正的原因其實是他們「其他方面都差勁到不行」。作家江戶川亂步便是一個例子。

亂步大學畢業後進入大阪的貿易公司工作，但僅一年便離職。這份工作得住在公司，但他無法忍受不斷和同事打照面的環境。

「我從小就喜歡想東想西，需要時間自己一個人發呆放空，這和吃飯、睡覺一樣重要。」

他的第二份工作是在造船廠擔任員工雜誌的編輯。一開始雖然很投入，但後來愈來愈不喜歡上班，同樣只做了一年便離職。

缺乏定性的亂步不斷換工作，但都頂多只能撐半年到一年。除了太喜歡發呆想

事情的原因之外，另一項原因是亂步早上爬不起來。

但在27歲時，亂步利用失業期間兩週寫出來的小說《二錢銅幣》投稿到雜誌後，他的人生出現了轉變。在這之後不斷有出版社前來邀稿。

「成為小說家後終於不用早上起床了，也不需要每天做一成不變的事，終於得救了。」

看來這似乎是亂步命中注定的工作，但對他而言，寫小說不過是比其他工作做得下去而已，並沒有堅定的自信。甚至滿懷幹勁寫出的《湖畔亭事件》、《一寸法師》等作品，也沮喪地認為：

「這些只是證明我寫普遍定義的小說寫得多差，我開始厭惡自己，想要封筆。」

因此亂步在成為作家後曾多次休筆，生涯的休筆期間加起來長達17年。即便是在編輯懇切請託下所寫出的《陰獸》，他自己也貶得一文不值。

「不管是優點還是缺點都跟我過去的作品沒什麼兩樣，寫再多也沒用。」

但到了這一步，已經不可能再回一般公司上班，其他什麼都做不了的亂步也只好繼續寫小說。

「自己覺得不怎麼樣的東西，編輯卻一直催我寫，讓我決定用作品賺錢，好好靠寫作維生。」

亂步曾因把心思都放在幻想上而數度丟掉工作。其實，他在小學、國中都遭受過霸凌，腦中的幻想與父親的書房是他唯一的浮木，這些過去的經驗也替亂步的作家生涯提供了養分。

☐「不像其他人多才多藝」反而容易專心做好一件事。

A面 在每個時代都擁有忠實讀者的話題作家

32. 太宰治

多次自殺未遂
卻不曾放棄小說創作 B面

無論人生多悽慘，都堅持追逐夢想

太宰治生在青森首屈一指的富豪之家，念書時成績名列前茅，擅長寫作文。但在自己所敬愛的芥川龍之介自殺之後，他一帆風順的人生出現了變化。

芥川原因不明的自殺令太宰失魂落魄，連身上穿的衣服都變了一個樣。他開始穿絲織和服、繫上腰帶，腳下踩著雪駄（傳統日式拖鞋），儼然一副作家的打扮，並在花街學唱戲曲。20歲時，他在宿舍服下大量安眠藥企圖自殺。

21歲就讀東京帝國大學時又與在咖啡廳認識不久的女性殉情，自己卻活了下來。26歲時進入報社工作未果而在鶴岡八幡宮旁上吊，也因繩子斷裂而失敗。

太宰只要覺得人生不順遂，就會試圖尋死。每次自殺未遂後，家裡便幫他收拾善後，並提供金錢援助，這也使太宰不需要工作就能一直寫小說。太宰還曾經這樣談過自殺：

「不能把自殺當成處世之道嗎？」

雖然太宰曾無數次對人生感到絕望，但他並沒有對自己的寫作才華絕望，仍持

續創作。30歲出頭移居到甲府的這段日子，是他精神狀態最穩定的時期，並在老師井伏鱒二的介紹下與石原美知子結婚。這是太宰的第2段婚姻，他向井伏表明決心要洗心革面：

「我認為婚姻、家庭都得努力經營，必須嚴肅地看待。我沒有任何淺薄輕浮的想法，即使貧窮，也會一輩子努力善待妻子。」

此外，持續寫作也讓太宰在文壇建立了一定地位，能夠以更踏實的心境執筆。後來他也與妻子生下了孩子。

第二次世界大戰期間太宰也不曾停下創作的腳步，據說遇到空襲時，他為了帶上寫到一半的《御伽草子》原稿，還差點來不及逃跑。太宰雖然生性膽小，但即使面對戰火也拚了命地想要保護自己的作品。

1948年6月13日，太宰與情婦跳入玉川上水殉情，這次自殺不幸成真，兩人皆失去了性命。太宰的遺體在6月19日被發現，正好是他39歲的生日。

在波瀾不斷的人生之中，太宰唯有對文學展現真誠的態度，始終如一。

曾有一名是太宰忠實讀者的大學生問他能否過目自己寫的小說，太宰隨即端正坐姿並爽快允諾，一直跪坐直到讀完為止。

太宰還在寫給門生的信上說過：

「我已經38歲了，希望能在40歲前寫出一部經典傑作。」

這個目標在2年後實現，作品名為《人間失格》。這部在他死前1個月完成的作品成為了文學史上的經典之作，至今仍不斷被提起。

☐ 即便做不好99%的事，只要真誠地面對剩下的1%就好。

A面 作品受到全世界兒童喜愛的
「兒童文學界的第一人」

33. 安徒生

窮盡一生尋找愛情歸宿的
孤獨創作者 B面

戀愛受挫的經歷造就了細膩動人的故事

著名的童話《醜小鴨》、《賣火柴的小女孩》都出自安徒生筆下。2012年，丹麥國家檔案館偶然發現了安徒生出道前所創作的未公開作品《獸脂蠟燭》。故事主角是一根因為不知自己該何去何從而煩惱的蠟燭，直到遇見了火絨盒，由火絨盒點燃其燭芯後，蠟燭終於發現了自己的價值。這個故事被視為安徒生的第一部作品。

一名作家的第一部作品，往往體現了這名作家是如何詮釋這個世界的。《獸脂蠟燭》中蠟燭的煩惱，也正是安徒生本人一生面對的課題。

安徒生出身貧窮的鞋匠家庭，14歲時獨自前往哥本哈根。起初想成為演員或歌手，但演技及歌喉皆未得到肯定而雙雙失利。就這樣跌跌撞撞嘗試了3年。但後來奇蹟降臨，安徒生寫的劇本得到了皇家劇院的青睞，自費出版的小說也收獲好評，開啟了他的童話作家之路。

安徒生看似終於找到了自己的歸宿，但內心仍感到不滿足。因為他的戀愛之路

始終不順遂。

安徒生20歲就讀拉丁語學校時，喜歡一名小自己5歲的女孩洛提，但似乎未能擄獲芳心。「我是一個完全不懂何謂真正的戀愛的小孩子。」他如此回顧當時的自己。

到了25歲的夏天，安徒生愛上了同學的姐姐莉葆。安徒生對活潑的莉葆傾心不已，雖然她已經有未婚夫，不過安徒生的愛火並未因此熄滅。

「我絲毫不懷疑她對我的愛。」

然而莉葆卻在寫給弟弟的信上說道：「我是絕不可能愛上安徒生的。」不久之後莉葆便和未婚夫步入了禮堂。

此時，資助者的女兒露易絲出現安慰失意的安徒生。於是安徒生又愛上了她。安徒生相信露易絲一定會喜歡自己，於是將遭到莉葆拒絕為止的經歷寫成自傳送給她，卻仍以失敗收場。露易絲後來與一位年輕的法律學者訂下婚約。

安徒生後來也仍然不斷失戀，32歲時在日記上這樣寫道：

「我大概不可能結婚了，沒有一個年輕女孩是為了我長大成人。我昨天還是個年輕人，但今天已經是老人了。」

安徒生對於戀愛已經失去了年輕人般的熱情，變得像老人家一般豁達。結果他終其一生都未能與女性建立戀愛關係。

但也因為無牽無掛，安徒生得以旅居各國，盡情專注於寫作。**安徒生展現了旺盛的創作企圖心，留下眾多流傳後世的童話故事。他一心一意持續書寫，或許也是為了找到屬於自己的歸宿。**

☐ 如果他覓得了愛情的歸宿，還能寫出感動人心的故事嗎？

A面
預見貧富不均問題的
「社會主義之父」

34. 馬克思

生活能力趨近於零
缺乏金錢觀念的「無能老爸」
B面

無論惹出多少麻煩都有朋友出手相助

或許是因為提前預見了現代嚴重的貧富差距問題，定義出「資本主義」的《資本論》在今日仍被奉為經典。但寫出《資本論》的馬克思本人雖然看出了未來的問題，對於自己明天的生活會是如何卻毫無頭緒。

浪費成性的馬克思在念書時即使有雙親大量金錢資助，仍不斷欠債。他喜歡喝酒、與朋友大肆喧鬧，據說曾有一年的花費相當於柏林市參議會議員的年薪。

除了欠缺金錢觀念，又因為發表《共產主義宣言》而被迫逃亡，使得馬克思的經濟陷入困頓。雖然繼承了遺產，但馬克思沒有用來還債，而是搬到更大的房子去。債主上門討債時，他甚至還要求小孩說「爸爸不在家。」

一路以來支持著馬克思這個典型失職父親的，是他的戰友恩格斯。當馬克思連文具都買不起時，曾寫過這樣的信給恩格斯：

「我收到了爛死人的債主第3次，也是最後一次通告。如果我星期一以前沒還錢的話，星期一下午就要把我交給當鋪。我已經這個樣子了，如果可以的話，能

不能給我一點錢……」

恩格斯曾經對走投無路的馬克思提供無數次資金援助。

但即使是恩格斯，也有被馬克思耗盡耐心的時候。恩格斯的同居女友瑪麗去世時，馬克思寫了這樣一封信。

「我得知瑪麗去世的消息感到非常震驚，不知如何是好。她心地善良、頭腦機靈，打從心底愛慕著你。」

雖然開頭看似正常，但接下來卻荒腔走板。馬克思先是說「世界上每個人都被不幸糾纏著」，然後開始自顧自地講自己的事，怨嘆被催繳房租等各種煩惱。恩格斯看了之後自然大為光火。

「我所有朋友在我這次遭遇重大打擊時，都給了我超乎我所企盼的溫暖與友誼，但就只有你……」

馬克思這下也知道自己闖禍了，於是寫信向恩格斯道歉。

「我不應該寫那封信的，寄出去之後我馬上就後悔了。」

令人驚訝的是，馬克思不知道給恩格斯製造過多少麻煩，但就只有這一次有道歉。看來視常理規範為無物的馬克思也很清楚，哪些東西是絕對不能失去的。

恩格斯也接受了馬克思的道歉，並這樣寫道：

「不要在意了。我很開心自己沒有在失去瑪麗後，又失去了交情最久的好友。」

儘管馬克思我行我素、無可救藥，但恩格斯極為欣賞他的才華，並在馬克思死後接手完成了《資本論》。

□ 要珍惜對荒誕不經的自己不離不棄的人。

A面 勤勉研究
到了廢寢忘食的地步

35.野口英世

不顧慮他人難處
厚臉皮提出無理的要求 B面

認真到忘我的拚命三郎精神打動人心

這實在是要命的巨大危機！野口英世早上醒來時恐怕臉色一片慘白吧？再幾天就要去美國留學，於是野口先前往橫濱港的檢疫所打招呼，這倒無妨，卻在回程與前同事到料亭叫藝妓飲酒作樂，將贊助者集資的留學資金揮霍一空。

垂頭喪氣的野口這時只能去找一個人了——牙科醫師血脇守之助。

僅有一面之緣的血脇從野口身無分文來到東京時，便多次幫助出身福島縣貧窮村落的他。兩人最早相遇在血脇前往會津若松看診時。當時，血脇對野口說：

「你有來東京的話就來找我吧。」

血脇似乎是被野口認真念書的態度所感動，因此說了這番話。但血脇恐怕也沒料到野口會真的突然跑來吧。

野口住進血脇家，接受生活費及學費的資助，21歲時取得了醫師執照。野口的下一個目標是赴美留學，卻因為一時失態花光了留學資金。其實野口以前就有愛揮霍的毛病。

血脇想必對野口的行徑十分傻眼，但還是向高利貸借錢，幫忙籌措了費用。血脇非常欣賞野口的才華，因此儘管野口不斷令他失望，他仍不吝惜提供金錢援助。

野口雖然在眾人支持之下得以赴美，其實在美國的工作根本還沒有著落。他和當初找上血脇一樣，突然造訪僅有一面之緣的弗萊克斯納博士請託對方：

「我是從日本來的，拜託您聘我當大學的助教。」

吃了閉門羹可想而知，但他仍持續死纏爛打。最後終於以不支薪為條件，獲得了洛克斐勒醫學研究所的工作。

儘管野口的種種行為可說是厚臉皮到家，但他身上有某種能夠打動人心的特質。野口勤勉的程度連弗萊克斯納也感到驚訝：

「日本人到底都什麼時候睡覺？」

雖然野口靠著勤奮與厚臉皮走出了自己的一條路，完成蛇毒的研究，後續卻遲遲沒有做出其他成果。他也曾進行治療肺結核的研究，但沒有特別出色的成績。

即使在賓州大學醫學院取得學位，目標達成後隨之而來的卻是空虛。

「實際拿到以後也沒有覺得特別了不起。」

他在信上如此寫道，展現出一種「世間一切轉瞬即逝」的冷漠態度。

即使把身邊的人搞得雞飛狗跳，野口的野心也沒有止境，這正是他人生的原動力。野口在1908年正式投入梅毒的研究，後來並發表「成功純種培養病原性梅毒密螺旋體」的論文，名聲傳遍了全世界醫學界。

□ 不受控制的旺盛生命力讓身邊的人也不得安寧。

第6章

寫給「害怕和別人不一樣」的人

～5種自由奔放的人生哲學～

世界上每個人抱持的價值觀都是獨一無二的，
不可能與其他人完全相同，
全世界有多少人，就有多少種工作態度、婚姻觀念、穿著打扮。
適用於所有人的人生哲學是不存在的。
本書最後一章要介紹的，是5位勇敢活出自我特色的偉人。
且看這些偉人如何突破生命中的障礙。

第6章的偉人

夏目漱石｜可可・香奈兒｜史提夫・賈伯斯｜愛因斯坦｜艾維斯・普里斯萊

A面 所有作品都是名作的「從不失敗的文豪」

36.夏目漱石

剛出道時
作品其實沒有得到多少好評 B面

不媚俗的人才是能引領風潮的人

文部省（現在的文部科學省）內部議論紛紛，這名文部省派去英國留學的教師似乎怪怪的。文部省要求這名教師提交報告，交上來的卻是白紙一張。於是文部省囑託當地的日本人去該名教師家中查看，結果發現他把自己關在黑漆漆的房間裡獨自哭泣。這個人正是夏目漱石。

漱石其實直到38歲才在文壇出道，算是相當晚的。他在念書時發現自己「實在很不喜歡配合他人」，於是便這麼想：

「世界上應該有些工作是無論如何都不可或缺的。」

如果從事的是這個世界絕對少不了的工作，應該就不用改變自己去配合他人了。於是漱石立志成為文學家。

但漱石並未立即投身寫作。他認為自己必須先努力閱讀，培養思考能力，因此在大學主修英國文學，並成為了英語教師。

然而，原本就有神經衰弱問題的漱石在受文部省之命到英國留學期間，病情更

加惡化。因國外生活水土不服，因此漱石將自己緊關在宿舍。回國後他也深受精神官能症所苦，精神狀態跌落谷底。

某天，友人高濱虛子因擔心而提議寫寫小說轉換心情。不要想得太嚴肅，輕鬆寫也不壞——於是漱石不多久便寫好第一回，並刊載於雜誌《杜鵑》上。

島崎藤村的《破戒》、田山花袋的《蒲團》等自然主義作品引發了熱潮，但漱石對文壇感到不滿，認為應該用更寬廣的視野詮釋小說。由此可見，漱石的小說可謂異類。明明寫作時滿懷幹勁，刊登後卻悄然無息——「當然沒有引起大眾的迴響。」漱石如此回顧道。

不過，漱石也不是抱著「要靠這部作品打響知名度」的心態去寫的。另一方面，漱石又具有既然要寫，就要表現出自己堅定不移的文學觀的自負。他還曾說過這番一點也不像文壇新人所說的話：

「論誰如何說，我都認為自己的理想更崇高。因此不會有絲毫動搖、驚訝。」

漱石就這麼一步一腳印，堅定地寫出了小說的第2回、第3回、第4回連載，也愈來愈獲得好評。不知不覺間，《杜鵑》的銷售量因為漱石的作品而有所成長，甚至銷售一空。

漱石的這部出道作正是《我是貓》。原本只是為了紓解精神問題的壓力所寫的，沒想到一躍成為名留文學史的經典之作。

滿懷幹勁創作出來的作品如果得不到好評，失去自信很正常。但也不用為此傷神，畢竟連夏目漱石也遇過這種事。

☐ 如果眼中有遠大的願景，那就不計毀譽勇往直前吧。

A面 建立起獨一無二個人風格的時尚女王

37. 可可・香奈兒

沒有人願意與其共事的失敗經營者 B面

脫離常軌到極點也可以是一種才華

大家為什麼不更努力一點工作呢？可可・香奈兒完全不明白裁縫女工的想法。但對於在她手下工作的裁縫女工而言，則是難以忍受。儘管法國對於勞動條件有嚴格規定，香奈兒卻完全不當一回事地要求她們工作。尤其在接近時裝秀時，香奈兒的要求更是不斷提高。

裁縫女工們終於忍無可忍。於是，某一天香奈兒來上班時，她們在店門口一字排開，不讓香奈兒進到店內。裁縫女工們決定用罷工來要求改善待遇，但香奈兒只感到錯愕。

「大家不想工作嗎？工作可是為了妳們好喔。」

香奈兒在27歲時開了一間小帽子店。她自幼喪母，且遭父親遺棄。離開孤兒院後，香奈兒與阿姨在服飾店擔任裁縫女工，並曾參加歌手甄試。但香奈兒之後卻絕口不提這段成名前的過往，彷彿這是她的「黑歷史」。

後來，香奈兒認識了出身資產階級家庭的年輕軍官艾提安・巴桑，兩人同居之

後，她在社交界逐漸開始嶄露頭角。香奈兒身穿男裝外套，搭配白襯衫及男用領帶，頭上戴的則是充滿農家氣息的平頂草帽。這種獨特的造型其實是香奈兒的行銷策略。

這是因為19世紀末至20世紀初的歐洲崇尚豐滿的女性，身形纖細、五官深邃的香奈兒並不符合當時的審美觀。於是她反其道而行，運用簡約俐落的穿著打扮成功讓自己成為目光的焦點。

在香奈兒看來，世人所遵循的「常規」正是商機。在那個女性將身體擠進束腰，把自己綁得喘不過氣被視為理所當然的時代，香奈兒推出了針織布料製成，穿起來方便活動的服飾。後來她又在清一色裙裝的女性服飾中增添褲裝元素，或是將原本只出現於喪服或男裝的「黑色」用在女裝等，挖掘出潛在的需求，並親自引領時尚趨勢。她在掀起短髮熱潮時曾這樣說過：

「流行的不是短髮，流行的是我這個人。」

挑戰常規，不斷創造新趨勢的香奈兒在面對裁縫女工罷工時，像是為了嘲諷般而決定關店，之後並銷聲匿跡長達15年。

雖然香奈兒是一名失敗的經營者，但她堅持「工作是一件美好的事」的信念。她在71歲重返時尚圈時，為了反擊「落伍」的批評推出的斜紋軟呢「香奈兒套裝」再次創造了話題。

重新登上時尚女王寶座的香奈兒在87歲時與世長辭。直到去世前，她都全心全意投入在工作上。

□ 獨一無二的特質成就了無人能及的高度。

A面 帶來革命性創新
受到世人景仰的「蘋果創辦人」

38. 史提夫・賈伯斯

不管去到哪裡
都與人產生摩擦的獨裁者 B面

「失勢下台也不懂得反省的男人」改變了世界

「不要批評其他部門、不要批評其他部門……」

史提夫・賈伯斯在董事會上聽聞他人對自己的諸多不滿，回到座位後馬上打下了這段話。因為不這樣寫下來的話他一下就會忘記。

一九八四年，即將滿30歲的賈伯斯在公司遭遇重大挫敗。剛上市時颳起旋風的麥金塔電腦如今銷售量直線下滑。

外界歸納出了幾項原因。麥金塔新穎的外型雖然引發討論，但實際用起來的運算能力不足，速度實在太慢。另外，賈伯斯堅持安靜性而不安裝風扇的決定也造成了反效果。

而且在麥金塔上市後，蘋果公司就不斷有人離職，原因出在賈伯斯的態度。一位優秀的工程師提出辭呈時，賈伯斯這樣表示：

「麥金塔的缺點全都是你的錯。」

就連與賈伯斯一同創辦蘋果公司的沃茲尼克也決定離開公司。雖然自己開發的

Apple II電腦貢獻了大部分的業績，但卻遭受輕視，導致沃茲尼克心生不滿。

「我認為蘋果過去這5年的方向大錯特錯。」

賈伯斯與他從百事可樂挖來擔任執行長的約翰・史考利之間，鴻溝也不斷加深。史考利無法再忍受賈伯斯四處與人結怨的性格。不只是公司內部，賈伯斯還曾在與重要客戶開會時劈頭便說：

「你們根本不知道自己在幹什麼。」

但賈伯斯似乎也控制不了自己的言行。史考利告誡他「不要批評其他部門」後，他還得像開頭所提的，拚命寫下來提醒自己。

由於與眾人交惡，賈伯斯被逐出了自己創辦的公司。

「感覺就像一直被人猛揍肚子，身體裡的空氣都抽乾了。我才30歲，希望還有機會能做東西出來。」

雖然賈伯斯如此感嘆，但實際上是他想將史考利逐出公司，結果被反將一軍，由於公司沒有人支持他，最後只得離開。20多歲就名利雙收的賈伯斯看似在30歲失去了一切。

但賈伯斯在42歲時又重新當上了蘋果的執行長。**他為了讓自己的構想付諸實現，對待第一線員工依舊十分苛刻，卻也因此催生出一項又一項創新。**

賈伯斯回歸的隔年，蘋果推出了iMac。他46歲時推出的iTunes、iPod幾乎完全顛覆音樂界的生態，53歲時推出的iPhone更是一舉改變了世人的生活型態。被人視為「禍害」的人反而是最有影響力的，有時甚至還會帶來革命性的改變。

□ 不輕易反省的自傲之人卻也是改變世界的人。

A面 堅持自己的信念，不受他人影響的天才物理學家

39. 愛因斯坦

我行我素到走火入魔的地步
不適合步入婚姻 B面

永遠渴望自由、想要做自己

愛因斯坦對於研究以外的事都不感興趣，私底下有許多脫序的行為——完全不在意穿著，身上總是穿已經磨破的外套與拖鞋，邋遢得令旁人頭痛不已。吃飯也只在想吃的時候吃，也只吃些自己喜歡的食物。手邊如果有餅乾包裝紙的話，甚至會直接就在那上面做計算。

不過，如果只是生活習慣糟糕的話，或許反而會讓人覺得更符合「天才」的形象，變成一種有魅力的特質。但愛因斯坦有一項完全沒有偉人風範的致命缺點，那就是感情觀念非常差勁。

他的第一任妻子是大自己4歲的米列娃，兩人是蘇黎世聯邦理工學院的同學。愛因斯坦念大學時總喜歡以自己的方法做研究，因此不受師長喜愛，直到快畢業時都找不到助教的工作。正當他有望透過朋友的關係找到瑞士專利局的工作時，卻發現米列娃懷孕了。未婚懷孕在當時仍是禁忌，因此兩人將生下的女兒送人收養，而後結婚。

儘管愛因斯坦與米列娃不顧父母的反對在一起，但隨著愛因斯坦因研究而出名，他開始不斷外遇，後來甚至與表姐愛爾莎發展出婚外情。米列娃知情後，兩人的婚姻難以再維持下去，於是愛因斯坦提出離婚。

如果考量米列娃的感受，愛因斯坦的所作所為實在過分，而且他開出的離婚條件也令人瞠目結舌——「贍養費用諾貝爾獎的獎金支付」。雖然愛因斯坦已經獲得提名，從他的成就來看也的確有望得獎，但這項提案未免過於大膽。無論愛因斯坦為人如何，單就米列娃接受了這項條件而言，她應該還是肯定愛因斯坦的才華的。1921年時，愛因斯坦果真獲得了諾貝爾物理學獎。

但愛因斯坦也沒有因此安分。離婚之後，他不是與外遇對象愛爾莎步入禮堂，反而愛上了愛爾莎的女兒伊爾莎並向其求婚，令人一頭霧水。遭伊爾莎拒絕後，愛因斯坦才又選擇愛爾莎為再婚對象，而且後來仍舊外遇成性。

愛因斯坦曾如此描述婚姻：

「人一旦結婚，就會將另一半視為自己的財產，而不是當成一個自由的人。」

他到了老年時甚至還說「結婚與人類的本性是無法兩全的。」即便和妻子在一起，也不願意使用「我們」做為主詞，堅持講話的時候要用「你」或是「我」。

愛因斯坦外遇的行為雖然令人搖頭，但他堅決不將說話的主詞由「我」膨脹到「我們」，倒也顯現了科學家的傲氣。

□ 即使結了婚還是分清楚「我」是「我」，「你」是「你」。

A面

尖銳嗓音散發獨特魅力的
傳奇搖滾樂之王

40. 艾維斯・普里斯萊

喜好奇裝異服
時常令同學感到不舒服

B面

只要有人願意理解自己，便能無畏批評

留有明顯鬢角的長髮抹著髮油，以黑色長褲搭配鮮豔的襯衫。做出如此奇特打扮的艾維斯・普里斯萊似乎讓高中同學們感覺很不舒服，但他還是堅持要和別人穿得不一樣。

艾維斯住在貧窮的公寓，不愛與同學往來。他喜歡在街上聽黑人音樂，後來又迷上了教會的福音音樂，聽廣播時則總是聽鄉村音樂。日後風靡全球的「搖滾樂之王」可以說就是在此時埋下了種子。

艾維斯高中畢業後當上了卡車司機，但始終無法忘懷音樂。其實他在高中時有一段難忘的回憶。艾維斯在畢業前曾以吉他手身分站上舞台表演，並演唱了當時的流行歌曲，台下觀眾紛紛鼓掌喝采，還大喊「安可」。

「我的歌是獨一無二的。」

畢業一個月後，艾維斯動念前往唱片公司申請錄音服務時留下了這句話。他唱了兩首歌自行錄製成唱片，並向唱片公司的祕書瑪莉昂表示：

「如果有工作需要歌手的話，麻煩不吝與我聯繫……」

但過了1個月、2個月，艾維斯都沒有等到唱片公司的聯絡。**即使想要跳槽到待遇比較好的公司工作，也因為對方要求把頭髮剪短，艾維斯最後還是選擇回老東家。**

日復一日在失望中度過的艾維斯終於等到了電話。打電話來的是瑪莉昂，想要找他錄製唱片。

當瑪莉昂告知完艾維斯此一消息剛掛斷電話時，滿頭大汗的艾維斯便隨即猛力開門衝了進來。原來他因為太過開心，直接從自己家一路跑來了800公尺外的唱片公司。

其實在艾維斯第一次錄音時，瑪莉昂便寫下了「普里斯萊，好的抒情歌手」、「先留著」等筆記，還偷偷錄成錄音帶，而且一有機會就詢問身邊的人「要不要用用看鬢角小子？」

艾維斯抓住了好不容易得來的機會一飛沖天，創造出融合白人音樂與黑人音樂的「搖滾樂」。

艾維斯唱歌時用力擺動身體的表演方式引發了議論，甚至曾有主持人對他說「你乾脆別唱歌了，回去當卡車司機吧。」但當艾維斯成為人氣巨星後，態度又為之一變。艾維斯當時曾對朋友這樣說：

「那傢伙根本不記得自己當初如何傷害我的。」

只要有一個人能理解我就夠了，我要走出自己的路。

□ 不要模仿別人，做自己就好。

【後記】第41個人的B面

那是我大四時的6月的事。當時正值梅雨季節，外面下著雨。人在京都求學租屋的我，窩在3坪大的房間裡，坐在床上抽菸發呆。

大家早在大三夏天就已開始求職，眼看即將屆滿1年。認識的人之中尚未收到錄取通知的，包括我在內就只有幾個人。這是我人生第1次連對於近在眼前的未來都感到茫然。也因為這樣，H突如其來的電話打動了我的心。

「雖然我打電話是為了拉人來考證照，但跟你聊過以後，我感覺到你身上有別的學生沒有的東西。」其實我自己原本也依稀這麼覺得，看來果真不假。於是我在東京和H見了面，感覺他大概50幾歲。H告訴我，聊得愈多，他愈覺得我的才華超乎一般學生。我自然也如此認定。

他表示，「考證照需要的錢之後全部由我來出，你要不要來報名講座？」這個證照考試是一間大出版社辦的。這間出版社也是我想進的公司之一，H就在關係企業任職。既然他願意幫忙出錢，那我也沒理由拒絕。後來只要我有去東京，就會與H

見面，而且還報了其他講座。

「像你這樣的人，朋友一定也很優秀，費用我全幫你們出了吧。」

結果我甚至沒有介紹H給朋友認識，就自己幫忙推銷，拉了3個人來簽約。由於看起來完全不會吃虧，因此一切都很順利，H也很高興。但直到要扣款的時候，H都沒有匯錢過來。包含朋友的費用在內，簽約貸款金額超過了100萬圓。

察覺被騙後欲哭無淚，只得找被我推銷簽約的朋友致歉、說明原委。即使非常震驚，但並沒有任何人責怪我。而其中一位朋友說的話，我大概一輩子都無法忘懷。

「你簽的金額是最多的，你只要顧好自己就好了。」

後來在我們4人東奔西走下，總算沒有付一毛錢就讓事情落幕了，不過校方十分錯愕。「你們幾個不都是法律系的嗎……」

雖然是個非常丟臉的B面故事，但從中學到的教訓實實在在地幫我開創了A面的人生。我想把這本書送給當時那個不斷掙扎，「想成為一號人物」的自己。

謹在此感謝本書的編輯野牧峻，以及閱讀至此的各位讀者。

真山知幸

藤井譲治『徳川家康』(吉川弘文館)
笠谷和比古『徳川家康　われ一人腹を切て、万民を助くべし』(ミネルヴァ日本評伝選)
篠田達明『徳川将軍家十五代のカルテ』(新潮新書)
大久保利通『大久保利通文書』(マツノ書店)
勝田孫彌『大久保利通伝』(マツノ書店)
杉本苑子『おくのほそ道 人物紀行』(文春新書)
ジェイムズ・R・ハンセン、日暮雅通訳、水谷淳訳『ファーストマン：ニール・アームストロングの人生』(ソフトバンククリエイティブ)
リットン・ストレイチー、橋口稔訳『ナイティンゲール伝 — 他一篇』(岩波文庫)
宮本百合子『宮本百合子全集』(新日本出版社)
ジョン バクスター、野中邦子訳『地球に落ちてきた男 — スティーブン・スピルバーグ伝』(角川書店)
竹内オサム『手塚治虫　アーチストになるな』(ミネルヴァ日本評伝選)
『「金銭感覚はザルでした」"一文無し寸前"になるほどお金を使った手塚治虫のマネーの哲学』(新R25、2019年7月5日公開)
浜田和幸『快人エジソン』(日本経済新聞社)
ジーン・アデア、オーウェン・ギンガリッチ編、近藤隆文訳『エジソン — 電気の時代の幕を開ける』(大月書店)
家近良樹『西郷隆盛 人を相手にせず、天を相手にせよ』(ミネルヴァ日本評伝選)
江戸川乱歩『乱歩打明け話』(河出書房新社)
太宰治『太宰治全集』(筑摩書房)
野原一夫『回想太宰治』(新潮文庫)
ハンス・クリスチャン・アンデルセン、大畑末吉訳『アンデルセン自伝 — わが生涯の物語 —』(岩波文庫)
安達忠夫『人と思想　アンデルセン』(清水書院)
フランシス・ウィーン、田口俊樹訳『カール・マルクスの生涯』(朝日新聞社)
中山茂『野口英世』(朝日選書)
夏目漱石『夏目漱石全集』(ちくま文庫)
網野義紘『夏目漱石』(清水書院)
山田登世子『シャネル — 最強ブランドの秘密』(朝日新書)
山口昌子『シャネルの真実』(人文書院)
マルセル・ヘードリッヒ、山中啓子訳『ココ・シャネルの秘密』(早川書房)
ウォルター・アイザックソン、井口耕二訳『スティーブ・ジョブズ〈I〉〈II〉』(講談社)
ロジャー・ハイフィールド、ポール・カーター、古賀弥生訳『裸のアインシュタイン — 女も宇宙も愛しぬいた男の大爆発』(徳間書店)
東理夫『エルヴィス・プレスリー — 世界を変えた男』(文春新書)
木原武一『天才の勉強術』(新潮選書)
真山知幸『偉人名言迷言事典』(笠間書院)
真山知幸『企業として見た戦国大名』(彩図社)
真山知幸『君の歳にあの偉人は何を語ったか』(星海社新書)

參考文獻

立川談志『人生、成り行き—談志一代記』(新潮文庫)
立川談春『赤めだか』(扶桑社)
トマス・ハウザー、小林勇次訳『モハメド・アリ——その生と時代(上)』(岩波現代文庫)
レズリー・ダウナー、木村英明訳『マダム貞奴—世界に舞った芸者』(集英社)
杉本苑子『マダム貞奴』(読売新聞社)
渋沢栄一、守屋淳訳『現代語訳 論語と算盤』(ちくま新書)
渋沢栄一『「青淵論叢」道徳経済合一説』(講談社学術文庫)
渋沢秀雄『父渋沢栄一』(実業之日本社文庫)
村田千尋『作曲家 人と作品 シューベルト』(音楽之友社)
奈良本辰也『吉田松陰著作選 留魂録・幽囚録・回顧録』(講談社学術文庫)
古川薫『松下村塾』(講談社学術文庫)
伊藤昌哉『日本宰相列伝(21)池田勇人』(時事通信社)
ボブ・トマス、玉置悦子訳、能登路雅子訳『ウォルト・ディズニー 創造と冒険の生涯 完全復刻版』(講談社)
高橋英郎『モーツァルトの手紙』(小学館)
礒山雅『モーツァルト=二つの顔』(講談社選書メチエ)
ギュンター・バウアー、吉田耕太郎訳、小石かつら訳『ギャンブラー・モーツァルト「遊びの世紀」に生きた天才』(春秋社)
大庭みな子『津田梅子』(朝日文庫)
古木宜志子『人と思想116 津田梅子』(清水書院)
佐藤正英校訂・訳『甲陽軍鑑』(ちくま学芸文庫)
平山優『武田氏滅亡』(角川選書)
笹本正治『武田信玄 伝説的英雄像からの脱却』(中公新書)
小栗浩『人間ゲーテ』(岩波新書評伝選)
ゲルハルト・プラウゼ、畔上司訳、赤根洋子訳『年代別エピソードで描く 天才たちの私生活』(文春文庫)
池内紀、若林恵『カフカ事典』(三省堂)
デール・ポロック、高貴準三訳『スカイウォーキング 完全版—ジョージ・ルーカス伝』(ソニーマガジンズ)
デーヴァ・ソベル、田中勝彦訳、田中一郎監修『ガリレオの娘 科学と信仰と愛についての父への手紙』(DHC)
チャールズ・ダーウィン、八杉龍一訳、江上生子訳『ダーウィン自伝』(ちくま学芸文庫)
松永俊男『チャールズ・ダーウィンの生涯 進化論を生んだジェントルマンの社会』(朝日選書)
ロバート・V・ブルース、唐津一訳『孤独の克服—グラハム・ベルの生涯』(NTT出版)
島尾永康『ニュートン』岩波新書
ジャン・アンリ・ファーブル、奥本大三郎訳『完訳 ファーブル昆虫記』(集英社)
G.V. ルグロ、平野威馬雄訳『ファーブルの生涯』(ちくま文庫)
マルコム・フォーブス、ジェフ・ブロック、安次嶺佳子訳『有名人の子供はつらい』(草思社)
福田千鶴『淀殿 われ太閤の妻となりて』(ミネルヴァ日本評伝選)

〈作者簡介〉

真山知幸

著述家、偉人研究家

1979年出生於兵庫縣，2002年自同志社大學法學院法律系畢業。前往東京後曾擔任專門業界雜誌出版社主編，2020年自行創業。對偉人及名言有深入研究，著作包括《泣ける日本史》（文響社）、《天才を育てた親はどんな言葉をかけていたのか？》（Sunmark出版）、《偉人名言迷言事典》、《偉人メシ伝》（皆為笠間書院）等，超過50本。《ざんねんな偉人伝》、《ざんねんな歴史人物》（皆為學研Plus）為合計銷售超過20萬本的暢銷書。目前也擔任名古屋外國語大學現代國際學特別課程、宮崎大學公開講座等課程之講師。以德川慶喜及澀澤榮一為主題之連載獲得了「東洋經濟ONLINE AWARDS 2021」的新浪潮獎。

插畫：芦刈 将

不要絕望！偉人也有人生低谷

40則成功者的悲情祕密

出　　版／楓葉社文化事業有限公司
地　　址／新北市板橋區信義路163巷3號10樓
郵政劃撥／19907596 楓書坊文化出版社
網　　址／www.maplebook.com.tw
電　　話／02-2957-6096
傳　　真／02-2957-6435
作　　者／真山知幸
翻　　譯／甘為治
責任編輯／林雨欣
內文排版／楊亞容
港澳經銷／泛華發行代理有限公司
定　　價／380元
初版日期／2024年４月

國家圖書館出版品預行編目資料

不要絕望！偉人也有人生低谷：40則成功者的悲情祕密 / 真山知幸作；甘為治譯. -- 初版. -- 新北市：楓葉社文化事業有限公司, 2024.04 面； 公分

ISBN 978-986-370-670-0（平裝）

1. 世界傳記

781　　113002152